James Fenton

*Ein Garten aus hundert Samentütchen*

JAMES FENTON

# *Ein Garten aus hundert Samentütchen*

Aus dem Englischen von Friederike Barkow

Argon

*Für Michael Collins,*
*ohne den es keinen Garten gäbe*

# *Inhalt*

# *Einleitung*

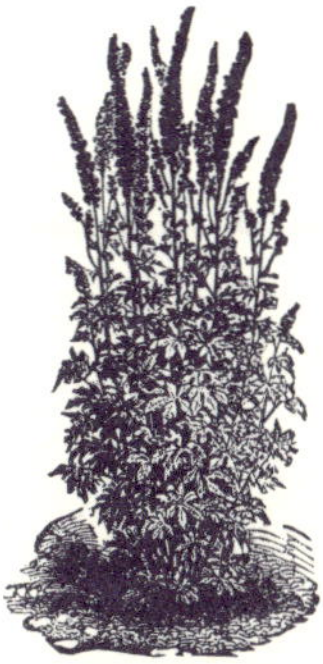

Natürlich können Sie sagen, es sei nur ein Spiel und tatsächlich ist es nur ein Spiel: Ein Spiel mit Listen. Welche Pflanzen würden Sie wählen, wenn man Ihnen einen leeren Garten geben würde, leer wie ein unbeschriebenes Blatt, den Sie bepflanzen dürfen unter der Bedingung, dass alles, was in diesem Garten wachsen soll, von Ihnen aus Samen gezogen wird? Es ist ein Spiel, Sie dürfen wählen, aber es könnte auch mehr sein als ein Spiel. Es könnte zumindest zu neuen Gedanken führen über die Gestaltung eines Gartens, darüber, welche Absichten Sie für ihn im Sinn haben.

Seit Jahren hat die Gartenpresse (Zeitungskolumnen, Fachzeitschriften und Gartenbücher) bewusst oder unbewusst eine übereinstimmende Position vertreten: Man beginnt mit einem Entwurf, dem »Skelett« des Gartens, der »Struktur«. Dann schattiert man gewisse Stellen auf dem Papier, um Bäume, Büsche, Stauden und winterharte Pflanzen zu markieren. Schließlich wird man aufgefordert, loszugehen und die entsprechenden Pflanzen zu kaufen, die an bestimmten Stellen und in bestimmten einleuchtenden Formationen eingezeichnet worden sind. Der Rest ist Pflege.

Diese Anschauung vom Gartenbau wäre weder plausibel noch populär geworden, hätte sie nicht eine gewisse Weisheit widergespiegelt. Darf ich mir aber erlauben zu bemerken, dass dies nicht die einzige Art und Weise ist, einen Garten anzulegen? Es mag weise sein, so vorzugehen, aber es ist nicht die einzige Weisheit, die der Menschheit zur Verfügung steht. Um das einfachste Beispiel zu nehmen: In den meisten europäischen Städten gibt es kommunale Gartenanlagen, in denen man ein

Stück Gartenland mieten kann. In Großbritannien heißen sie Allotments, in Deutschland Schrebergärten. Meistens werden sie zum Anbau von Obst und Gemüse benutzt: Ein Schrebergärtner braucht keinen Entwurf. Die wichtigste Frage für ihn lautet: Was will ich anbauen?

Der Entwurf eines Schrebergartens ist kein Thema. Der Anbau ist alles. So wird der Schrebergärtner im Januar, wie sich das gehört, glücklich damit beschäftigt sein, Listen zusammenzustellen: Das möchte ich in diesem Jahr gerne essen, oder dieses will ich mal ausprobieren und jenes weckt meine Neugier.

Warum soll der Blumengärtner nicht genauso denken? Warum soll er oder sie nicht auch fragen: Was würde ich dieses Jahr gerne pflanzen? Was entzückt mich? Was langweilt mich? Was ist hinreißend? Was ist abscheulich? Blumenfanatiker und Gemüsenarren, wir sitzen am selben Küchentisch und blättern in denselben Katalogen. Dieselben Winterstürme heulen um unsere Häuser. Derselbe Frost lässt unsere Regentonnen einfrieren.

Warum soll ich in diesem Januar nicht die gleiche Freiheit genießen wie mein Erbsenepikureer, mein kürbisbesessener Freund?

Die Antwort, die mir zuerst einfällt, ist, dass ein Blumengarten von Natur aus eine dauerhafte Einrichtung ist, während ein Schrebergarten aus guten Gründen im Winter geschlossen ist. Aber dieser Einwand ist nicht unbedingt triftig. Schließlich habe ich mich noch nicht dazu geäußert, was für eine Art von Blumengarten ich mir vorstelle. Eigentlich will ich mich noch gar nicht festlegen, denn ich bin ehrgeizig genug, um die Aufmerksamkeit unterschiedlichster Leser fesseln zu wollen (natürlich schließt dies die Schrebergärtner mit ein).

Also, meine Definition – meine Nichtdefinition – eines Gartens muss eine Art von Garten einschließen, die ich vorigen Sommer in Manhattan gesehen habe: eine Feuertreppe hoch über der Straße, überwuchert von Prachtwinden. Kresse auf einen Waschlappen gesät. Kleiner duftender Goldlack in einer Taschenkrebsmuschel oder eine Reihe von Hyazinthen in Gläsern – verstehe ich genauso

als Garten wie Great Dixter, Powis Castle oder Versailles.

Für alle, die ein Haus mit Garten gekauft haben, von dem sie sagen, »hier hoffe ich viele Jahre zu leben«, habe ich einen guten Rat, der sich als willkommen erweisen mag, denn er spart viel Geld. Das trifft nicht zu, wenn Sie Ihre permanente Bepflanzung, Ihre Entwürfe auf dem Millimeterpapier von Stauden und Perennen (vorausgesetzt, es ist das, was Sie unbedingt wollen) so schnell wie möglich verwirklichen wollen. Ob Sie einen alten Garten restaurieren oder einen neuen erschaffen wollen, könnte sich eine experimentelle Bepflanzung für ein oder zwei Jahre als eine gute Idee erweisen. Verlassen Sie sich überwiegend auf einjährige Blumen, bis selbst das hartnäckigste Unkraut weitgehend besiegt und der Boden verbessert ist.

Je größer der Garten, desto besser wird diese Methode sein. Ihre Stauden und Perennen brauchen Zeit sich zu etablieren, während die einjährigen Pflanzen, wie der Name schon sagt, in einem Sommer ihren Höhepunkt erreichen. Aber das ist nicht das Ende der Geschichte. Viele von ihnen werden von längerem Nutzen sein, denn sie säen sich selber aus. Die kleineren finden ihren Weg in alle möglichen Ritzen und Ecken, wo wir sie niemals erfolgreich hätten ansiedeln können. Die größeren werden mit ein bisschen Glück eindrucksvolle Gruppen bilden, wie Schlafmohn zum Beispiel. Und so werden sie jahrein, jahraus in wachsender Zahl wiederkommen.

Aber natürlich hat nicht jeder zukünftige Gärtner die Aussicht, dasselbe Stück Land für lange Jahre zu besitzen oder zu bebauen. Der eine zieht weiter. Einer klimmt die Leiter des Erfolgs hinauf und verändert sich, der andere muss ein Gleiches tun, weil er sie hinunterrutscht. Einer kommt nach Hause und das Schloss ist ausgewechselt und seine Siebensachen stehen auf der Straße. Nicht jeder will für einen kleinen Garten so viel Geld ausgeben wie für eine kleine Küche (obwohl es erstaunlich ist, wie oft die Gartenarchitekten in der Annahme arbeiten, dass man ein Budget von 20.000 Euro auszugeben bereit ist, um einen kleinen Garten mit dem nötigen »Skelett« zu versehen).

Meine Liste besteht nicht nur aus einjährigen Pflanzen. Sie enthält auch eine Reihe von jenen winterharten Blumen, die sich zur Zucht aus Samen eignen. Ich schlage nicht vor, dass Sie Rosen säen, das wäre – wie Peter Pan über den Tod sagt – ein schrecklich großes Abenteuer. Aber ich strebe an, Ihnen ein farbiges und interessantes Anfängerpaket für Ihren Garten zusammenzustellen, in dem sich das Naheliegende, aber Unwiderstehliche mit dem Ausgefalleneren die Waage hält.

Was den Entwurf dieses Blumengartens betrifft, bestehe ich darauf, ihn möglichst vage zu halten. Hundert verschiedene Blumen auf einem Balkon würden sich ziemlich beengt ausnehmen, in einem kaum größeren Garten sehen sie spektakulär aus. Es ist erstaunlich, was man auf kleinem Raum unterbringen kann. Andererseits ist die Anzahl der Pflanzen, die man theoretisch aus hundert Samentütchen ziehen könnte, atemberaubend.

Ich denke, der geplante Garten sollte überwiegend sonnig sein; und er sollte schon auch Erde haben. Sollte sich aber die vorhandene Erde als vollständig unzureichend erweisen, dann ist es Zeit, sich an Eisenbahnschwellen und Hochbeete zu erinnern. In einem früheren Garten habe ich gegen Lehm und Bauschutt angekämpft, bis eines Tages ein Freund, ein Gartenexperte, kam und meine Anstrengungen sah. Sie waren Mitleid erregend. Mein Freund riet mir, Eisenbahnschwellen zu kaufen, Unkrautvertilger auf die vorhandene Erde zu sprühen, Hochbeete zu bauen und die Gartenerde dafür zu kaufen und keinerlei Versuche zu unternehmen, die so genannte Erde zu verbessern.

Nicht gerade glücklich hörte ich ihm zu und folgte seinen Ratschlägen nicht. Aber ich erinnerte mich ihrer, als ich das zweite Mal in die gleiche Situation kam. Ich war auf einen verwahrlosten Bauernhof gezogen und hatte angefangen einen Garten zu planen auf einem Terrain, das alles andere als viel versprechend war. Ich glaubte nicht mehr daran, dass sich der Untergrund im Laufe weniger Jahre magisch in guten Boden verwandeln ließe. Wo Gartenerde gebraucht wurde, kauften wir sie mit Dünger, Kies, Sand und Champignonkompost von Pilzzüchtern (ein nützlicher organischer Mulch): Berge und Berge haben wir im Lauf der Jahre von dem Zeug verbraucht, aber das liegt daran, dass wir den Ehrgeiz hatten, in großem Maßstab zu arbeiten.

Aber selbst für einen normalen Garten in der Stadt sollten Sie Ihre Erde im Großhandel kaufen, nicht sackweise. Es ist niederschmetternd, wie viele Säcke Sie brauchen, um ein

Hochbeet zu füllen, und es ist erstaunlich, wie viel Geld ausgegeben wird bei einer raschen ungeduldigen Fahrt zum nächsten Gartenzentrum. Umgekehrt ist es ein Vergnügen zu entdecken, wie man durch vernünftige Großeinkäufe die Kosten senken kann.

Dieses Buch soll nicht von großen Projekten handeln. Im Wesentlichen geht es um die Schaffung eines Blumengartens auf dem herkömmlichsten Weg: Samen zu säen und zu beobachten, wie sie wachsen. Die Samen, die ich dafür ausgewählt habe, sind im Allgemeinen jene, die mir in meinem Garten über die Jahre Freude gemacht haben. Es ist meine ganz persönliche Anthologie.

## Erstes Kapitel

# *Blumen und ihre Farben*

❀ ❀ ❀

Wir lieben Blumen hauptsächlich wegen ihrer Farben. Die Blumen wollen aber natürlich nicht uns mit ihren Farben betören, sondern die Vögel, die Schmetterlinge und die Insekten, sogar die Motten, diese legendären Nachtbestäuber.

Wenn eine Blume mir den Eindruck gibt, dass sie blüht, um mich zu erfreuen und mir zu nützen, dann täuscht sie mich. Und wenn ich auf diesen Betrug reinfalle, dann benehme ich mich wie jemand, der einen überfüllten Raum betritt und glaubt, alle Augen seien auf ihn gerichtet, wenn sie in Wirklichkeit auf einen Bienenschwarm starren, der gerade hinter seinem Rücken auftaucht.

»Wie lieblich sind die bescheidnen Blumen«, schrieb Keats in einem Brief; »doch wie schnell würden sie diesen Liebreiz verlieren, wenn sie sich auf die Straße drängten und schrien, ›bewundert mich, ich bin ein Veilchen! Betet mich an, ich bin eine Primel!‹« Das würden die Blumen wirklich zu ihren Bestäubern sagen, sogar die bescheidenen. Und wenn nicht so, dann sagen sie es etwas deutlicher.

Und ihre Farben, die auf uns so eine tiefe und komplizierte Wirkung haben, waren einst ausschließlich ihr Besitz. Nirgendwo sonst sah man solche Farben, außer vielleicht bei Edelsteinen oder einem so ungewöhnlichen Kunstwerk wie einem purpurn gefärbten Tuch. Einige Blumen mögen beunruhigend und abstoßend gewirkt haben wegen ihrer geheimnisvollen oder obszönen Form, aber bestimmt hat man keine hässlich gefunden wegen ihrer Farbe. Traurig vielleicht. Aber niemals hässlich.

Heute sind manche Gärtner von einem

solchen Farbsnobismus so eingeschüchtert, dass sie alle Blumen aus ihren Gärten verbannen, oder sie prüfen sorgfältig, welche Blumen, welche Farben akzeptabel sind.

Gartenbuchautoren schreiben über die Kombination von Komplementärfarben oder weisen sogar auf den Farbkreis hin. Aber das ist nur verlogener Geschmack in der Maske wissenschaftlicher Theorien.

Es ist völlig sinnlos, die abstrakte Frage zu stellen, ob gebranntes Orange neben Vermillion gut aussieht. Ein Garten ist kein Gemälde und selbst für Gemälde gibt es dafür keine Regel. Eine wie große Fläche Orange im Verhältnis zu einer wie großen Fläche Rot – und was passiert farblich auf dem Hintergrund? Erwägt der Gärtner, der eine leuchtend orange Blume neben eine rote pflanzen will, die Wirkung der verschiedenen Grüntöne der Blätter? Oder nimmt er an, dass alles Grün von der Retina rausgefiltert wird?

Die Malerei und die Gärtnerei sind recht unterschiedliche Künste, aber gelegentlich kann man doch einem Maler etwas abschauen. John Gage, bekannt als Historiker der Farbentheorie, erzählt folgende Geschichte über Turner und Constable: In Somerset House, das unter chronischem Platzmangel litt, hingen in einer Ausstellung 1832 zwei ihrer Bilder Seite an Seite. Maler, die dort ausstellten (und Turner besonders), spezialisierten sich darauf, im letzten Augenblick Korrekturen anzubringen, die ihre Gemälde wirkungsvoller machten.

Bei dieser Gelegenheit fand Constable die roten Gewänder der Würdenträger in seinem Gemälde ›The Opening of Waterloo Bridge‹ (Nationalgalerie London) ihrer Wirkung beraubt von einem kleinen roten Siegellackklecks, den Turner in das Wasser seines kühlen grünen Seestücks ›Helvoetsluys‹ gesetzt hatte, das dicht daneben hing und den er später in eine kleine rote Boje verwandelte. »Er war hier«, sagte Constable, als er das sah, »und hat einen Schuss abgefeuert.«

Einige kleine Blumen haben auch die Fähigkeit »einen Schuss abzufeuern«. #1 Sommerblutströpfchen, *Adonis aestivalis,* ist eine einjährige blutrote Ranunkel, die wie eine Anemone aussieht. Sie ist die Art von Blume, die man in einer Mughal-Miniatur zu finden erwartet oder in den Illustrationen eines Stundenbuchs. Geben Sie ihr einen guten Platz in Ihrem Garten und sie wird Jahr für Jahr wiederkommen – ein zielsicherer Schuss.

Und wer würde in dieser Gesellschaft gegen die klassische Kornblume #2 *Centaurea cyanus* protestieren, eine Blume, die man heutzutage öfter in Blumenläden sieht denn je zuvor. Der Gärtner sollte nicht zu stolz sein, vom Blumenhändler zu lernen und eine Blume in seinen Garten zu pflanzen, die von so offensichtlicher Schönheit ist, dass die Leute vergessen, sie einander zu empfehlen. In diesem Fall eine Blume, die einem bestimmten Blauton ihren Namen gegeben hat.

Ich habe die Absicht (ein anderer Tipp aus dem Blumenladen), die Färberdistel #3 *Carthamus tinctorius* auszuprobieren, manchmal auch Safrandistel genannt. Leider scheint diese orangefarbene Distel häufig den Transport vom Züchter zu den großstädtischen Blumengeschäften nicht zu gut zu überstehen.

Ein leuchtendes Orange ist es, das ich für meinen Garten will, keine lahme Ausrede für einen blassen Hauch von Farbe. Manche Leute glauben, dass Blumen, die sie hässlich finden oder aufdringlich in der Intensität ihrer Farbe, genetisch manipuliert seien. Tatsächlich sind die Blumen, die sie nicht mögen, häufig orange, wie das unvergleichliche Schlafmützchen #4 *Eschscholzia californica*. Als die ersten Gäste in meinem Garten um eine Wegbiegung kamen, erklärten sie laut und unverblümt, »das gefällt uns aber gar nicht«. Vielleicht hatte ich den Schlafmützchen gestattet, sich zu zwanglos zu vermehren und in den folgenden Jahren habe ich ihre lockeren Sitten etwas eingeschränkt. Jetzt würden Gäste sich vermutlich taktvoller äußern. »Orange richtig zu platzieren, ist nicht immer einfach.«

Es kommt aufs Gleiche heraus. Es bedeutet einfach, ich kann Orange nicht leiden: Es »feuert einen Schuss ab«. Aber ich erinnere mich an einen Sommer, als man in dem erlauchten venezianischen Innenhof des Isabella Stewart Gardner Museums in Boston alle Blumenkästen mit hängender Kapuzinerkresse – #5 *Tropaeolum majus* bepflanzt hatte, deren

Samen man uns, als wir noch Kinder waren, gegeben hatte, weil sie groß genug waren, sie einzeln zu handhaben: sie sind kinderfreundlich. So selbstsicher und in solcher Menge präsentiert, ließ die Kresse keinen Zweifel an ihrer Würdigkeit aufkommen.

Für meine Liste wählte ich die wundervolle ›Alaska‹ mit ihren panaschierten Blättern, von denen keins dem andern völlig gleicht, jedes ein kleines Kunstwerk.

Wir versuchen in meinem Garten jede Art von Nasturtium unterzubringen, die wir finden können. Manche ziehen wir aus Samen, andere aus Knollen. Auch lasse ich ungern ein Jahr verstreichen, ohne die hohen orangefarbenen Sonnenblumen #6 *Tithonia rotundifolia speciosa*. Sie stammen aus Mexiko und sehen aus wie Riesenlutschbonbons am Stiel. Die Züchtung, die ich bevorzuge, heißt ›The Torch‹.

Zum ersten Mal fiel sie mir in Monets Garten in Giverny auf, aber ich habe keine Ahnung, ob Monet sie tatsächlich schon selber angepflanzt hat. Auffallend ist in Monets Garten – dem Garten vor dem Haus, nicht dem Wassergarten – seine Farbenfreude, seine Augenscheinlichkeit.

Und Sie sind dabei herauszufinden, wie augenscheinlich mein Geschmack ist. Ich liebe eine Blume, deren Blüten plakatfarbenblau sind: #7 *Phacelia campanularia*; und ich liebe das reine Zitronengelb der Nachtkerze #8 *Oenothera biennis*. Ich mag auch die Blumen meiner Kindheit, wie Jungfer im Grünen (#9-*Nigella damascena)* und Vergissmeinnicht

(#10 *Myosotis sylvatica)*. Bisher haben wir einen auffallenden Mangel an Rot und Rosa, aber mit neunzig weiteren Samentütchen sollte es am Ende keinen Mangel geben.

## Zweites Kapitel

# *Große Blumen*

»Ich liebe Blumen«, sagt ein Freund, »aber ich mag keine Pflanzen.« Diese Unterscheidung kann ich gut nachempfinden. Pflanzen bringen Schmutz, Unordnung und Verantwortung mit sich, eine Fürsorge für den Boden, die nach Gemüseanbau schmeckt. Sie erwarten vielleicht eine Verpflichtung von uns, die wir zu diesem Zeitpunkt unseres Lebens nicht bereit sind einzugehen. Blumen hingegen scheinen aus dem Nichts zu kommen. Gekauft, arrangiert, bewundert und dann rausgeworfen – haben sie keine Gelegenheit, Schuldgefühle in uns zu wecken. Arumlilien sind ein gutes Beispiel: Fleckenlos, exotisch und unwirklich. In seinen Fotos kann man klar erkennen, dass Robert Mapplethorpe Blumen liebte. Man kann sich aber kaum vorstellen, dass er Pflanzen mochte.

Unter die Pflanzen für Leute, die Pflanzen eigentlich nicht mögen, gehören die erst kürzlich populär gewordenen, die man ›architektonisch‹ nennt. Was ist eine ›architektonische‹ Pflanze? Sie ist groß und wahrscheinlich teuer und hat eine kühne, ins Auge fallende Form – vor allem verspricht sie eine sofortige und dauerhafte Wirkung auf den Platz zu haben, den wir mit ihr füllen wollen – aber sonst ist ihre Ähnlichkeit mit Architektur minimal. Ein Bambus erinnert mich nicht an irgendeine mir bekannte Architektur, obwohl ich in Ländern gelebt habe, wo Bambus in der Architektur eine Rolle spielt. Und welches Gebäude sieht schon aus wie ein Phormium (neuseeländischer Flachs)?

Wenn ich zu einem Riesenbärenklau (*Heracleum mantegazzianum)* aufblicke, einer Pflanze, die wir nicht pflanzen sollten – einer verantwortungslosen Pflanze –, mag ich mich in der Tat an ein gotisches Fächergewölbe erinnern. Aber ein Riesenbärenklau ist keine architektonische Pflanze im üblichen Sinn, denn am Ende das Jahres enttäuscht sie uns: dieses interessante Gebilde fällt in sich zusammen. Darf ich hinzufügen, dass nicht nur der Bärenklau eine architektonische Struktur zu haben scheint, sondern auch mehrere seiner bescheideneren Verwandten: Wilde Petersilie, Dill und (einer unserer Misserfolge im vorigen Jahr) die Knorpelmöhre *Ammi majus*, in einem meiner Bücher auch Falsches Bischofskraut genannt wird (falscher Bischof! Sind Sie je einem Bischof begegnet, der nicht falsch war?).

Jedoch, obwohl unser Ehrgeiz einen Riesenbärenklau am Rande unseres Gartens herumtollen zu sehen, nicht erfüllt wurde, sind zu unserm Trost die Engelwurze da, die großen alten Schildwachen der Gemüsegärten. Ich würde #11, die orientalische *Angelica gigas*, wählen, mit purpurnen Stängeln und purpurnen Blüten, obwohl sie nach ihrer Blüte stirbt.

Generell haben wir in Versuchen mit verschiedenen Angelikasorten herausgefunden, dass es sich empfiehlt, die Samen direkt aus den reifen Fruchtständen zu verstreuen (sie sind nicht sehr haltbar) und sie dort wachsen zu lassen, wo sie hinfallen. Eine Pflanze also, die ein paar Jahre braucht, um ihre volle Größe zu erreichen. Dann folgt ein glorreicher, Sommer ehe sie eingeht. In einem Garten, von dem man erwartet, dass er jahrein, jahraus bis in den letzten Winkel sein Bestes tut, ist eine Pflanze dieser Art nicht leicht unterzubringen.

All diese Dolden, all diese Doldenträger ... Mein Garten ist von meinen Launen abhängig, die häufig ins Enzyklopädische ausarten. So fordert mein Doldenfimmel viel Zeit und Platz. Der Riesenfenchel (#12 *Ferula communis)* verspricht am Ende (so sagt man) mit seiner Blüte eine Höhe von fünf Metern zu erreichen (nur möglich unter Mittelmeerbedingungen). Man hat mir geraten, diese Blütendolde abzuschneiden, ehe sich zu viele Samen bilden, damit die Pflanze mehrjährig bleibt. Was wir aber von solchen Pflanzen erwarten, ist das grandiose Schauspiel ihres Sterbens, und dafür zahlen wir den Preis.

Bei allem, was in einem gemäßigten Klima sehr schnell und sehr hoch wächst, muss man gewöhnlich auch einen Preis bezahlen. Die Säckelblume (*Ceanothus*) wird spielend an einer Mauer hochschießen, aber der Stamm und die Wurzel sind schwach und windempfindlich. Das wunderbar gefällige

#13 *Abutilon vitifolium*, das über drei Meter groß wird und mit weißen oder lavendelfarbenen Blüten kommt, hat ähnliche Probleme und braucht eine Mauer als Stütze und Schutz. Schon nach ein paar Jahren wirkt es, obwohl der Stamm kräftig scheint, ausgewachsen und unordentlich. Wenn etwas zwei Meter im Jahr wächst, kann man nicht erwarten, dass sein Holz die Qualität von sagen wir Teak hat. Das *Abutilon* bietet uns ein gutes Geschäft an, es wächst schnell und kann leicht mit Hilfe seiner eigenen Samen ersetzt werden. Aber man muss es ersetzen – es ist nicht »architektonisch«.

Die #14 *Nicandra physalodis*, die sich in meiner Einfahrt selbst ausgesät hat, wurzelt in Schotter, der eine Mischung aus Baumüll und Lehm bedeckt, und ich denke mir: Irgendwo auf der Welt muss das ein gefährliches Unkraut sein. Seine Heimat ist Peru – es ist ›Der Apfel von Peru‹ mit seinen blau-weißen Blüten und den schwarzen Fruchtkapseln – die Samen sollen sich zehn Jahre halten, so sagt man. Ich bin glücklich, dass sie jedes Jahr wiederkommen, glücklich auch (obwohl ich mich nicht ganz darauf verlasse), wenn meine Tabakblumen wieder blühen, besonders #15 *Nicotiana syvestris.*

Aus Prinzip glaubte ich immer, die einzige Sonnenblume, die es wert sei, sie im Garten zu haben, wäre die hochwachsende traditionelle. Aber ich wurde bekehrt, als ich in einem Katalog #16 *Helianthus annuus Valentine* fand, mit zitronengelben Blütenblättern und einem dunkelbraunen Auge. Was man an Höhe verliert (gar nicht so viel, zugegebenermaßen), gewinnt man an Blütenfülle. Man muss sie anbinden, sonst fallen sie vornüber und entwurzeln sich selber.

#17 Muskateller Salbei (*Salvia sclarea*) ist im Sommer unerlässlich, er sät sich selber aus und bietet uns hochwachsende blasse Brakteen. Sie wünschen dunstige Verschwommenheit? Glauben Sie mir, er gibt Ihnen dunstige Verschwommenheit.

Dunstig verschwommen wirkt auch #18, die Edeldistel *Onopordum acanthium*, Schwester der Mariendistel #19 *Silybum marianum*. Und hier noch ein Nachtrag: #20 Brennende Liebe *Lychnis chalcedonica*, auch eine Pflanze, die »einen Schuss abfeuern« kann, ein Scharlachrot für die Palette, das ich versäumt habe in das vorige Kapitel hineinzuquetschen.

## Drittes Kapitel

# *Blumen, die wandern*

Alle, außer überpeniblen, ordnungsbesessenen Gärtnern, freuen sich auf die Pflanzen, die sich im Garten auf Wanderschaft begeben. Zunächst werden sie an den Rand eines Blumenbeets gepflanzt, dann finden sie ihren Weg auf den Pfad, in den Kies und in die Ritzen zwischen den Pflastersteinen. Wenn das zum ersten Mal passiert, denkt man: Jetzt kommt mein Garten richtig in Schwung – das ist Reife en miniature und diese Pflänzchen werden mein Markenzeichen werden.

Es könnte etwas ganz Besonderes sein

oder auch etwas total Unbedeutendes. Ich fragte mich zunächst, wie dieses kleine bronzefarbene kleeblättrige Oxalis wohl heißen könnte, das man so häufig in Vorgärten sieht. Das Lexikon nennt es ein »Großstadtunkraut«, Hornsauerklee *Oxalis corniculata*, ein kriechender gelbblütiger Sauerampfer. Bald fand ich heraus, dass es sich längst bei mir eingenistet hatte, zusammen mit einem anderen klassischen Wanderer, dem farnblättrigen, gelben Lerchensporn *Corydalis lutea*, der bei mir eine neue Mauer verschönt. Das dritte im Bunde ist das efeublättrige Leinkraut mit kleinen purpurnen und gelben Blüten wie winzige Löwenmäulchen, das sich kurz nach den andern uneingeladen bei uns niederließ.

Seltener sieht man #21 *Omphalodis linifolia*, einjährig, etwa dreißig Zentimeter hoch; mit grauen Blättern und Rispen weißer Blüten erinnert es an Lochstickerei, weiß auf weißem Leinen, wie feine altmodische Unterwäsche. Die erst Aussaat sollte im Frühling stattfinden, am Ende der Saison schneiden wir die vertrockneten Rispen ab und legen sie im Garten überall dahin, wo es uns im nächsten

Jahr bezaubern soll. Die Samen reifen, fallen heraus und im Herbst sind bereits die ersten Pflänzchen sichtbar. Gertrud Jekyll schätzte es als Schnittblume.

Sollten Sie dieses Grau-und-Weiß-Thema durch einen Kontrast aufmuntern wollen, das schwarze Veilchen #22 *Viola tricolor* ›Bowles' Black‹ verstreut seinen Samen hemmungslos. Es bleibt tiefschwarz, wenn Sie es isolieren, sonst treibt es gern seine Scherze mit anderen Veilchen. Sie bevorzugen Reinrassigkeit? Dann können Sie natürlich alle kleinen Mischlinge ausroden. Für mich sind alle Variationen Teil der »Musik des Geschehens«. Ein anderes Veilchen, das sich überreich vermehrt, ist *Viola labradorica*, Labradorveilchen mit violettgrünen Blättern.

Ernstlich reines Blau: Man sagt zu Recht, ein Garten könne davon nicht genug haben.

Es ist aber ein großer Fehler anzunehmen, dass das Größte auch das Beste ist, wenn es sich um Rittersporn handelt. Vor Jahren kaufte ich in einem Supermarkt einen Rittersporn, der Blue Pygmy hieß. Das ist #23 *Delphinium grandiflorum*, Blauer Zwerg. Er säte sich aus

und kommt seitdem jedes Jahr wieder, in einem Hochbeet, auf Kiesflächen, in den Ritzen eines Plattenwegs. Eine winterharte Pflanze, die sich wie eine einjährige betragen kann und selbst in Sibirien und der Mongolei den Winter übersteht. Es gibt noch andere Arten von *Delphinium grandiflorum*, sollte der Blaue Zwerg nicht aufzutreiben sein. Dies sind natürlich kurzstielige Rittersporne, keine

Auswüchse der Phantasie perverser Pflanzenzüchter, und sie eignen sich vorzüglich als Schnittblumen für kleine Blumensträuße.

Goldmohn #24 *Eschscholzia caespitosa* (›Sundew‹) ist wohl der kleinste Mohn, den ich je gezogen habe, und ich habe ihn verloren, weil ich achtlos war und andere Blumen ihn überwucherten. Aber ich will es noch einmal versuchen und werde ihn in ein Hochbeet säen, an eine geschützte Stelle und diesmal ohne Konkurrenz. Hinter dem ›Sundew‹ in seinem Namen versteckt sich ein besonders blasses Zitronengelb, aber sollte ich dies nicht wiederfinden, würde ich auch mit anderen der Gattung glücklich sein.

Durch ihre schönen Blätter und besonders durch die Art und Weise, wie die Rosetten aus panaschierten Distelblättern die Wintermonate überstehen, empfiehlt sich #25 *Galactites tomentosa* (die riesige Kardonenartischocke ist auch so eine Winterschönheit). Versuchen Sie aber nie, eine ausgewachsene Galactitis (sollte eine verfügbar sein) zu verpflanzen. Das mögen sie nicht. Und ich bitte Sie, seien Sie nicht enttäuscht, wenn Sie die Pflanze blühen sehen, denn sie tut das (selten genug) in der schlimmsten Zeit des Jahres. Der Hinweis auf Milch in ihrem Namen kommt wohl von den dicken weißen Adern auf ihren Blättern, deren Unterseite tomentos (wollig) ist.

Als nächste kommt die Strand- oder Grasnelke #26 *Armeria maritima*, die für gewöhnlich auf Klippen vom Wind und grasenden Tieren so kurz gehalten wird wie ein gut geschnittener Rasen. Im Garten jedoch bildet sie luxuriöse Blumenkissen. Vergessen Sie die Ansichten des ehrwürdigen Pfarrers Wiliam Hanbury nicht, dass die »welken Blüten und Stängel die Schönheit der blühenden Pflanze gar sehr beeinträchtigen und ihr ein langweiliges, indolentes und widerwärtiges Aussehen geben«. Sie brauchen aber gerade die verwelkten Blütenköpfchen, damit die Samen in alle die Ritzen und Spalten gelangen, in die man sie niemals pflanzen könnte, und wir die alten Polster rauswerfen können. »Nur ein Narr enthauptet tote Strandnelken« – selbst erfundenes Sprichwort.

Närrisch ist es auch, seine Kuhschellen nach der Blüte zurückzuschneiden: #27 *Pulsa-*

*tilla vulgaris*, denn ihre Samenstände sind so schön wie die einer Clematis. Die reifen Samen sollte man gleich säen oder es der Pflanze überlassen, sie selbst zu verstreuen. Wenn man genügend Kuhschellen hat, sollte man diese seltenen (aber pflegeleichten) Wildblumen fürs Haus schneiden.

#28 Schnittlauch *Allium schoenoprasum*: Selbstverständlich, aber es ist besser, ihn zu einer Selbstverständlichkeit zu machen (immer genug Schnittlauch zu haben) als ihn zu dünn zu säen (und kleine Plastikpackungen davon zu horrenden Preisen kaufen zu müssen). Traditionsgemäß sollte er neben der Küchentür wachsen.

Eine sehr fruchtbare Corydalis, nicht so verbreitet wie der gelbe Lerchensporn, den ich schon erwähnt habe, ist #29 *Corydalis cheilanthifolia*. Der Artenname besagt, dass dieser Lerchensporn Blätter wie der Lippenfarn Chilanthes hat. Im Frühling sind sie leicht bronzegetönt und seine Blüten sind gelb. Er spielt eine Rolle in der Bepflanzung einer noch leeren Ecke meines Gartens zusammen mit #30 *Erigeron mucronatus*, Berufskraut oder

Beamtenblume genannt, auch eine wanderlustige Pflanze. Es sieht aus wie ein höhergewachsenes, rosa angehauchtes Gänseblümchen.

Ich gebe zu, dass mit Kissen von Grasnelken und Büscheln von Schnittlauch und all den andern Blumen zwischen den Platten, die zur Küchentür führen, man die Beweglichkeit eines Äthiopiers braucht, wenn man aus dem Garten gerannt kommt, um ans Telefon zu gehen. Ein schnurloses Telefon ist die Lösung, nicht etwa ein pflanzenloser Pfad.

VIERTES KAPITEL

# *Schnittblumen*

Unser Geschmack hat sich in den letzten zehn Jahren gründlich verändert, das zeigt sich auch in der Wahl der Blumen, die wir in unsere Gärten pflanzen. Zum Teil wurden diese Veränderungen aktiv von der Gartenpresse unterstützt: Da gab es zum Beispiel ein Wortgefecht, angeführt von dem bekannten Gärtner Christopher Lloyd, gegen sogenannte Weisheiten und den grässlich guten Geschmack, gegen die zimperliche Farbenwahl in so vielen Gärten – die Debatte zog sich lange hin und war höchst unterhaltend. Gleichzeitig, aber weniger beachtet, begann sich der zunehmende Einfluss der Innenarchitektur auf die Gartengestaltung zu zeigen. Wenn Sie sich die Blumenvasen anschauen, die heute von gewitzten und designbewussten Läden verkauft werden (und wenn Sie an die Farben denken, die mehr und mehr Haushaltsgeräte heute haben), ist es nicht überraschend, dass die Blumen, mit denen wir diese Vasen zu füllen gedenken, anders aussehen als die, die wir noch vor ein paar Jahren für unser Haus gewählt hätten. Und es ist unvermeidbar, dass eine Blume, die sich in unserm Haus gut macht, auch bald in unserm Garten heimisch wird.

Die alternative Hypothese könnte lauten, dass wir ein Sortiment von ›Stadtblumen‹ haben werden, um unser Haus zu schmücken, und ›Landblumen‹, die nur ins Freie gehören. Das würde zu der Annahme führen, dass die Leidenschaft der Designer für grellfarbige Margariten, wie die Gerbera, sich auf den ›Stadtteil‹ unseres Gehirns beschränkt, alte Rosen hingegen weiterhin in den ›Freilandteil‹ gehören. Das wird jedoch nicht passieren. Denn in der Stadt und auf dem Land werden die gleichen Zeitungen und Zeitschriften gelesen.

Ich erinnere mich, wie vor zehn Jahren einer meiner Gartenfreunde mit gütiger und verzeihender Stimme sagte, »na, was soll denn das bedeuten«, als er vor einem Beet voller außer Rand und Band geratener Ringelblumen stand. Die gewöhnliche Ringelblume *Calendula officinalis* eignet sich besonders gut für moderne Vasen und ich möchte Ihnen als #31 die Sorte Indian Prince empfehlen.

Wenn Sie Sich ein gutes Bild von der Veränderung unseres Geschmacks bei Schnittblumen machen wollen, dann sollten Sie die beiden folgenden Bücher, die sich mit diesem Thema befassen, mit einander vergleichen.

»Blühende Gärten in allen Jahreszeiten. Praktische Ideen für neue Blumenbeete und bunte Sträuße« von Rosemary Verey (Köln 1990) gibt Ratschläge zur Anlage von Blumenrabatten, die wir nach Herzenslust für unsere Vasen plündern können ohne sichtbare Lücken zu hinterlassen. Sie müssten schon sehr gewieft sein, wenn Ihnen beim Anblick dieser Beete Schnittblumen für das Haus in den Sinn kommen. Aber die Stauden, Büsche und Perennen vermischt mit ein- und zweijährigen Pflanzen liefern Material für viele Blumensträuße.

Im Vergleich dazu: ›Frisch gepflückt. Mein Blumengarten‹ von Sarah Raven (Köln 1998). Dieses Buch macht keinen Hehl aus seinen Absichten. Die Blumen sind in schnurgeraden Reihen gepflanzt wie Gemüse im Schrebergarten oder in ehrlichen eindeutigen Gruppen. In Amerika hat man für solche Gärten den schönen Namen »Posy Patch« (posy = Blumenstrauß, patch = ein Flecken Land). Es könnte leicht sein, dass Ihr ganzer Garten so angelegt ist. Wenn jede Blume danach ausgesucht ist, wie gut sie sich als Schnittblume eignet, folgt daraus – oder sollte daraus folgen –, dass die Wahl der Blumen anders ausfällt als die für einen Garten, der nicht für einen so spezifischen Zweck angelegt wurde.

Viele der Blumen, die ich bereits erwähnt habe, passen in so einen Plan: Eine grundlegende, etwas naive Auswahl, wie Kornblumen, Kresse, Jungfer im Grünen, Vergissmeinnicht, Sonnenblumen und Rittersporn.

Vielleicht scheint diese Liste, wenn man sie so betrachtet, für manchen Geschmack ein bisschen kindlich. Wer kann sich schon vorstellen, es könnte als ›sophisticated‹ gelten, Löwenmäulchen anzupflanzen. Vielleicht ist es das auch nicht. Aber als ich in New York zum ersten Mal sah, dass man eimerweise riesige Löwenmäulchen zum Verkauf anbot, fragte ich mich, warum ich nie auf die Idee gekommen war, #32 *Antirrhinum majus* in meinem Garten auszusäen. Sie brauchen eine F1-Hybride, wenn Sie Löwenmäulchen wollen, die einen Meter hoch werden.

Zu den Blumen, die einen an heiße, trockene Sommer erinnern, gehört die mexikanische Sonnenblume *Tithonia rotundifolia*, die ich schon erwähnt habe und die mich immer an Giverny erinnert, so wie auch die Kosmee #33 *Cosmos bipinnatus* ›Purity‹, weißblühend. Wir haben sie auch in Karmesin mit dem Namen ›Dazzler‹ und pflanzen sie in kleinen Gruppen zusammen in die Rabatten. Je wärmer der Sommer, desto glücklicher scheinen sie, genau wie #34 *Cleome spinosa*. Sie stammt aus Südafrika und von den Westindischen

Inseln und kommt in Weiß, Rosa und Purpur. Eine Warnung jedoch: Sie hat niederträchtige Dornen.

Alle diese Blumen erfreuten uns jahrelang im Garten, ehe wir auf die Idee kamen, sie als Schnittblumen zu verwenden. So ging es uns auch mit der aus Texas und Louisiana stammenden Prachtkerze #35 *Gaura lindheimeri*: Man möchte sie bewundern, wie sie sich im Winde wiegen und das ganze Beet in einen rosa Schimmer tauchen, ehe man sie – wenn überhaupt – in einer Vase sehen möchte. Aber ich würde es mir zweimal überlegen, ob ich in meinem »posy patch« ohne #36 Zinnien auskommen kann. In Frankreich sieht man sie in geraden Reihen wachsen und so sehen sie auch am besten aus – oder in einem einfachen Krug. Die Sorte, die wir bevorzugen, heißt kaktusblütig.

Stets auf der Suche nach etwas, das zwischen den Rosen wachsen kann, war ich begeistert, als ich im vorigen Jahr den Salbei #37 *Salvia viridis* ›Blue‹ in Sarah Ravens Buch entdeckte. Die Brakteen sind leuchtend marokkanisch blau – so beschreibt es der Katalog,

und zählt sie zu den zehn Pflanzen mit den schönsten Blättern überhaupt.

Der Salbei sät sich selber aus, das ist hauptsächlich der Grund für mich, ihn zu wollen. Ein anderer ist die Blütezeit von Mai bis Oktober. Früher nannte man es *Salvia hornum*. Dass es sich in der Vase angeblich ewig hält, lässt mich erschauern.

Die Purpurskabiose #38 *Scabiosa atropurpurea* wird manchmal ägyptische Rose genannt, obwohl um ehrlich zu sein, sie aus Südafrika kommt. Eine Blume für den »schwarzen Garten«, wenn man einen hat, bei uns gedeiht sie gut.

Unter den unzähligen Ackeleien hat #39 *Aquilegia alpina* ›Hensol Harebell‹ ein besonders begehrenswertes Blau. Und wenn man mich zwingen würde, mich für eine einzige Wicke zu entscheiden, wäre ohne Zweifel meine Wahl #40 *Lathyrus matucana* (syn. »Cupani's original«), unter diesem Namen fand ich sie bei Sarah Raven, in dem Anhang von ›Chilterns Seeds‹-Katalog nur unter »Cupani«. Die Wicke wurde im Jahr 1699 von Sizilien an das Gymnasium in Enfield geschickt, ein verheißungsvoller Anfang für eine eindrucksvolle und weitreichende Karriere.

## Fünftes Kapitel

# *Winterharte Vorurteile*

Wenn Sie sich die Liste von lieferbaren Gartenbüchern ansehen, werden Sie entdecken, dass die Werke über »winterharte Pflanzen« erheblich in der Überzahl sind gegenüber denen, die sich mit ein- und zweijährigen befassen. Und wenn Sie in den Büchern über einjährige Pflanzen blättern, wird Ihnen sehr bald auffallen, dass sie sich eigentlich gar nicht mit einjährigen Pflanzen befassen, sondern vielmehr mit der Art, die man für Sommerbepflanzung verwendet und die größtenteils streng genommen gar nicht einjährig sind.

Diese Tatsache hat eine gewisse Bedeutung, denn ein Teil der schlechten Presse, die die einjährigen Blumen in den Gartenmagazinen haben, geht zurück auf die Abneigung gegen die spießigen Parkbeete und deren Sommerbepflanzung. Dieses Vorurteil – und dazu hat es sich entwickelt – hat zur Folge, dass man alles, was wie Sommerbepflanzung aussehen könnte, zu Gunsten von Stauden und Perennen aufgibt.

Einer neueren, noch radikaleren Version zufolge ist die Grundbedingung für einen gut angelegten Garten die Verbannung aller Pflanzen (Stauden, einjährige Blumen, Zwiebeln, alles) außer perennierenden Pflanzen: Das Ziel ist die Schaffung weiter, beständiger ökologischer Anlagen, Steppen am Fuße unserer Gärten.

Mögen Sie Steppen? Sie scheinen mir ein fürchterliches Unterfangen zu sein und im Endeffekt vermutlich recht langweilig; möglicherweise ein Gräuel, wenn sie nicht sehr gut angelegt sind. Aber das trifft schließlich auf jede Art von Garten zu.

Meine Lieblingsidee für einen Garten ist,

dass in ihm »alle Talente die gleiche Chance« haben sollen, und darum wende ich meine Aufmerksamkeit jener Minderheit unter den Gartenbuchautoren zu, die sich mit ein- und zweijährigen Blumen befassen. Das hat nichts mit der Sommerbepflanzung zu tun (die ich gerne im Park bewundere, wenn sie gelungen ist), sondern damit, das volle Angebot geeigneter Gartenblumen kennenzulernen und davon Gebrauch zu machen.

Manche dieser Pflanzen werden, wie ihr Name sagt, nach ein oder zwei Jahren sterben. Wenn dieser Gedanke für Sie zu schwer zu ertragen ist, dann haben Sie ein Problem. Wenn aber nur der Gedanke Sie verschreckt, alles wieder neu bepflanzen zu müssen, dann übersehen Sie die freundlichen Blumen, die wiederkommen und zwar im Überfluss. Ein augenfälliges Beispiel ist der rote Fingerhut #41 *Digitalis purpurea*, der sich aussät und als zweijährige Pflanze jedes andere Jahr wieder blüht. Er wächst am liebsten im Halbschatten unter Bäumen und Büschen. Eine übertriebene Vorliebe für beständige Pflanzen würde Sie dieses Vergnügens berauben und auch des

Entzückens, das uns #42 *Lunaria annua* bereitet, die auch Silberling genannt wird, weil sie ihre Samen im Herbst in einer runden silbernen Verpackung präsentiert, die silbernen Münzen ähnelt. Beide – der rosa Fingerhut und der purpurne Silberling – haben auch eine weißblühende Abart. Würden Sie ohne die beiden leben wollen? Können Sie ohne Silberlinge auskommen?

Eine weitere zweijährige Pflanze, der wir erlaubt haben, sich unter einem Schlehengebüsch anzusiedeln, ist das wunderhübsche Doldengewächs Pferdeeppich #43 *Smyrnium perfoliatum*, Alexanders. Wenn es anfängt zu blühen, färbt sich der obere Teil der Pflanze gelblich-grün und gibt den Eindruck von Sonnenflecken im Wald.

Ein ähnliches gelbes Grün bietet uns ein anderes Doldengewächs: #44 Dill oder *Anethum graveolens*. Diese Farbe verwenden trendige Blumenbinder besonders gern und benützen auch den beständigen Frauenmantel #45 *Alchemilla mollis*. Die Sorte Alchemilla mollis »Robustica« eignet sich besonders gut zum Schneiden. Und im Zusammenhang mit soviel Gelb und so produktiven Selbstaussäern muss ich das Schöllkraut #46 *Chelidonium majus* »Flore Pleno« erwähnen. Es gehört der Mohnfamilie an, ist beständig und eigentlich eine Wildpflanze. Ich habe meine Samen neben der Holy Trinity Kirche in der Brompton Road in London gesammelt, die bei den evangelischen Metropoleneinwohnern besonders beliebt ist. Die Blume mag manchen auch

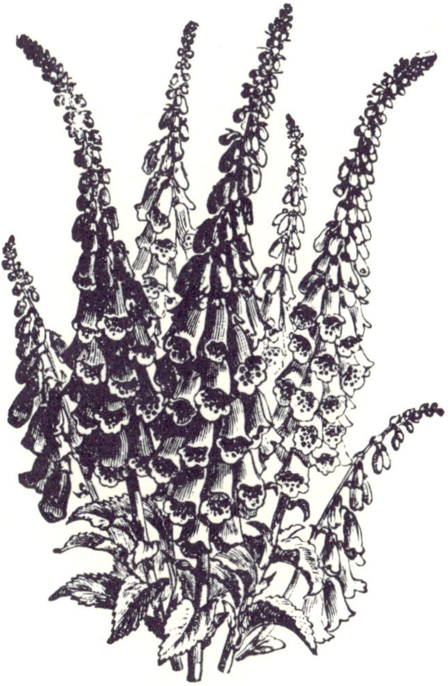

etwas protestantisch karg erscheinen, aber sie verbreitet ihre Samen wie die Evangelisten das Wort.

Wenn Ihnen jemand von einer einjährigen Pflanze erzählt, die fast zwei Meter hoch wird, rosa Blüten hat, die wie kleine Kohlenschütten aussehen und wie Haaröl aus den fünfziger Jahren riechen, würden Sie die reizvoll finden? Ich mag Balsaminen #47 *Impatiens glandulifera.* Im ›Chiltern Seeds‹-Katalog findet man sie unter *Impatiens roylei.* Mit ihren explodierenden Samenkapseln (sie ist mit dem Springkraut verwandt) erinnert sie mich an die Ufer des Wehrs in Durham. Wie das Springkraut schießt sie ihre Samen wild in die Gegend; seien Sie gewarnt und lassen Sie sie eine verwilderte Ecke Ihres Gartens verschönen, falls Sie eine solche haben.

In einem nützlichen Nachschlagewerk »Annuals and Biennials« von Roger Phillips und Martyn Rix (London 1999) findet man acht Seiten mit Bildern von Impatiens, und es sind keineswegs nur Fleißige Lieschen (Impatiens walleriana), es gibt da auch mehrere gelbblühende Arten, die aus den feuchten Ebenen Chinas kommen, manche von ihnen haben noch nicht mal einen Namen.

Wie auch andere Bänden von Phillips und Rix enthält »Annual and Biennials« nicht nur Fotos der einzelnen Blumen, sondern in vielen Fällen auch der Pflanzen in ihrer spektakulären natürlichen Umgebung, in der Mojavawüste, am südafrikanischen Kap oder in den Vorgebirgen des Himalaya. Es gibt einem eine Idee – ob sie nun zutreffend ist oder nicht –, wie man diese Blumen überreden könnte, sich in unseren Gärten zu Hause zu fühlen.

Man kann jede Blume dazu verdammen, lächerlich zu wirken, wenn man sie in einer lächerlichen Position anpflanzt. Erinnern Sie Sich noch,wie man Blumenrabatten mit einer Randbepflanzung versah, in der sich blaue Lobelien mit weißem Duftsteinrich abwechselten – blau, weiß, blau, weiß ... Wenn man aber den Duftsteinrich #48 *Lobularia maritima* befreit und ihm erlaubt, ungestört seine Samen in irgendwelchen Ritzen am Fuß einer Mauer oder zwischen den Steinen eines Plattenwegs auszustreuen, dann wirkt es charmant und er ist glücklich. So wie ich es war, als ich #49 *Lobelia erinus* an einer Stelle fand, wo einmal ein Topf oder Blumenkasten abgestellt worden war.

So können einjährige Pflanzen mit Hilfe ihrer Samen zu einer beständigen Bereicherung des Gartens werden. Ich will damit nicht sagen, dass sie alle so nett sind, uns von der Pflicht zu befreien, über die Zukunft unseres Gartens nachzudenken. Es bedeutet nur, dass man sich auf manche Pflanzen verlassen kann, wie zum Beispiel auf den bezaubernden blauen Waldmeister #50 *Asperula orientalis*, daran zu denken, sich jedes Jahr wieder auszusäen, selbst wenn wir es vergessen sollten.

Sechstes Kapitel

# *Nützliche und dekorative Kräuter*

Am Anfang des Buches schlug ich vor, die Möglichkeit zu untersuchen, einen Garten beliebiger Größe – vom Balkon aufwärts – mit Hilfe von einhundert Samentütchen anzulegen. Wie würde so ein Garten aussehen? Bisher habe ich vermieden von Pflanzen zu sprechen, die man zwar aus Samen ziehen kann, die aber besser im Topf gekauft werden sollten. Man soll sich das Leben nicht unnötig schwer machen.

Lassen Sie uns rekapitulieren: Die Idee ist, am Anfang der Saison den Blumengarten wie einen Gemüsegarten zu betrachten und die simple Frage zu stellen: Was will ich dieses Jahr pflanzen? Lassen wir den Entwurf vorläufig beiseite. Der Entwurf hat sich zu einem schrecklichen, dummen und teuren Tyrannen entwickelt. Die Betonung liegt hier ausschließlich auf Inhalt. Dieser Blumengarten soll den gleichen Reiz wie ein Schrebergarten haben. Er sagt: Ich habe das Gefühl, dies möchte ich dieses Jahr gern haben.

Wenn ich mir ein Omelette *aux fines herbes* machen will, brauche ich die gleiche Menge kleingehackter Petersilie, Estragon und Kerbel. Aber wo bekomme ich Kerbel? Er ist das zarteste, delikateste und am schnellsten welkende aller Kräuter, und wenn ich es frisch genießen will, muss ich es selber anbauen. Allein aus diesem Grund: #51 Kerbel *Anthriscus cerefolium*. Er ist der kleine Bruder der wilden Petersilie, und auch wenn es keinen großen Eindruck macht im Garten, brauchen wir ihn dort.

Schnittlauch habe ich bereits bei #28 erwähnt und auch Dill bei #44 unserer Liste. Estragon würde ich bestimmt im Topf kaufen. Petersilie #52 *Petroselinum crispum* ist interessant genug für ein Blumenbeet, und wenn ich Petersilie sage, meine ich die krausblättrige. In einem Schrebergarten sollte man sie daran hindern, sich auszusäen, sie kann da recht lästig werden, aber wenn sie es dicht bei meiner Küchentür tut, ist sie ebenso willkommen wie ansehnlich. Ihr Grün ist schön, ihr Blatt eine Zierde für jedes Blumenbeet.

Ein anderes Kraut, das Sie aus Samen ziehen sollten, ist das Bohnenkraut #53 *Satureja hortensis*. Es ist ein Muss mit frischen grünen Bohnen, gehackt darübergestreut und entweder mit Olivenöl oder Butter serviert. Das ist delikat, aber eigentlich das Einzige wozu es gut ist (es wird außerdem in der alternativen Medizin verwandt, mit der ich aber nicht viel im Sinn habe). Es ist einjährig wie der Kerbel, und hat einen Vetter, *Sarureja montana*, Winterbohnenkraut genannt, winterhart, ganz dekorativ, jedoch kein Ersatz, da weniger aromatisch und holzig.

Sauerampfer #54 *Rumex acetosa* findet man gelegentlich in Gemüseläden in winzigen Mengen abgepackt, und man fragt sich, was man damit anfangen soll. Bei der leisesten

Berührung mit Hitze fallen die Blätter ganz und gar in sich zusammen. Eine Handvoll in Butter gedünstet ergibt so gut wie nichts. Dieses »Nichts« füllt ein Omelette oder verwandelt, gehackt, eine Hühnerbrühe in eine Sauerampfersuppe, beides köstlich an einem warmen Sommertag. Auch in diesem Fall sind Samen die praktischste Methode.

Liebstöckel *Levisicum officinale* kann man säen, aber Sie kaufen sich möglicherweise lieber eine kleine Pflanze. Sie werden diese

Pflanze jahrelang haben, sie wird in einer Saison rund zwei Meter wachsen, ehe sie im Winter völlig einzieht. Wie viele meiner Lieblingspflanzen ist das Liebstöckel ein Doldenträger, es scheint hinten in einem Blumenbeet am glücklichsten zu sein. Die jungen Blätter eignen sich gut in einem gemischten Salat mit einer kräftigen Soße aus Zitronensaft, Olivenöl, Knoblauch und Anchovis. Später werden die Blätter hart und ihr Aroma zu kräftig, aber ein Blatt in einer Brühe oder einer Kasserolle wird von Kochbüchern empfohlen, ich fürchte, es wird mit seinem Selleriearoma alles andere übertönen. Ich bin auch dagegen, die Pflanze im Sommer zurückzuschneiden, um den Wuchs junger Blätter anzuregen, ich bescheide mich lieber mit ein oder zwei Salaten im Frühsommer und erfreue mich dann an dem gigantischen Wuchs der Pflanze.

Wozu braucht man Borretsch? *Borago officinalis* #56 braucht man, damit er seine Blüten – vom reinsten Himmelblau – im ganzen Garten verteilen kann. Zugegeben, diese blauen Blüten machen sich auch sehr gut in einem grünen Salat und dann ist da natürlich noch die Angelegenheit mit Pimm's, dem beliebten englischen Sommercocktail, den es in kleinen Flaschen zu kaufen gibt. Aber gibt es wirklich Leute, die Borretsch in ihrem Garten haben, damit sie mit einem Blättchen pro Glas diesem Getränk ein Gurkenaroma verleihen, wenn doch eine Scheibe Gurke den gleichen Effekt hat? In Wirklichkeit brauchen wir ihn, weil er ein freundlicher und nützlicher Samenverteiler ist, eine unersetzliche Hilfe, dem Garten einen legeren Charme zu verleihen. Es gibt auch eine weißblühende Art, die dem himmelblauen Borretsch nicht das Wasser reichen kann, bei uns aber auch willkommen ist.

Die kulinarischen Salbeiarten zieht man im Allgemeinen aus Stecklingen, ebenso den Rosmarin, obwohl der bei mir auch einen Sämling zwischen den Steinen eines Weges deponiert hat, wo sich vorher schon verschiedene Thymianpflanzen angesiedelt hatten. Und das erinnert daran, dass Lavendel, überall leicht im Topf erhältlich, mühelos aus Samen gezogen werden kann, wenn man ihn in größeren Mengen braucht, zum Beispiel um eine Hecke zu pflanzen. #57 *Lavendula angustifolia* ›Hidcote Blue‹ empfiehlt sich dazu besonders.

Das britische Klima ist in vieler Hinsicht ideal für Gärten, mit seinen milden Wintern und nicht zu heißen Sommern. Aber um Basilikum erfolgreich im Garten anzupflanzen, braucht man wirklich heiße Sommer, wie wir sie nicht bieten können.

Amerika ist uns da überlegen. Als ich auf einem der Märkte in New York einen Strauß Basilikum kaufte, hatte der überwältigende Duft mich stehen bleiben lassen.

Die Basilikumstiele waren leicht verholzt und der Duft so scharf, dass er an Händen und Kleidern haften blieb. *Ocimum basilicum* #58, die Chiltern-Samenliste hat fast zwanzig Sorten. Man kann es nur wieder und wieder versuchen.

Schließlich noch zwei Doldenpflanzen, weil sie so schön im Garten sind: Bronzener Fenchel #59 *Foeniculum vulgare*, er duftet in der Hitze des Tages am Mittelmeer; und #60 Süßdolde, *Myrrhis odorata* (auf englisch Sweet Cicely oder früher Cow Chervil, Sweet Humlock, Sweets oder British Myrrh) – »sehr gut für alte Leute, die schwerfällig sind und denen es an Lebensmut mangelt; es muntert sie auf und tröstet ihr Herz und vermehret ihre Sinnenlust und Kraft« (zweifelhaftes altes Herbarium). Wer's glaubt, wird selig.

Siebtes Kapitel

# *Die Mikrowiese*

❀ ❀ ❀

Jeder findet die Idee einer Wiese sehr verlockend oder die Vorstellung, dass man im Garten Wiesenbedingungen nachahmen kann, unwiderstehlich. Ein paar entmutigende, jedoch realistische Worte könnten sich als hilfreich erweisen. Die Tatsache, dass eine Wiese – das heißt eine richtige Wiese – ein Feld ist, das ein Produkt liefern soll, wird gern übersehen. Wenn Sie für das Produkt – das Heu – keine Verwendung haben, werden Sie mit Ihrer Wiese wahrscheinlich ein Problem bekommen.

Vor kurzem las ich einen bemerkenswerten Bericht über einen Garten, der vorwiegend zum Wohl von Insekten angelegt war. Jede Pflanze war darauf geprüft worden, wie viele Insektenarten sie anziehen würde. Gegen Ende des Berichts gab die Autorin zu, dass sie nicht im Stande war, die anfallenden Heumengen zu kompostieren, sie musste die Gemeindeverwaltung bitten, sie abzutransportieren. Mit einer solchen Ökologie kann doch was nicht stimmen.

Was ich nie verstehen werde, ist die Behauptung vieler Wiesenfanatiker, dass Wiesenblumen mageren Boden bevorzugen und dass Sie deshalb die Fruchtbarkeit Ihres Bodens vermindern sollten, ehe Sie eine Wiese anlegen. Das klingt ja ganz überzeugend. Aber dann geben sie den Ratschlag, wenn nötig die fruchtbare Gartenerde zu entfernen, bevor Sie Ihre Gras- und Wildblumenmischung säen.

Ich protestiere. Was sind das für Menschen, die so verheerende Ratschläge geben, und wer hört auf sie? Wer karrt seine fruchtbare Erde weg und was findet er, nach vollbrachtem Werk, darunter? Welche Pflanzen, welche Zwiebeln, welche Samen sind mit dem

Boden weggekarrt worden? Und womit haben sie das verdient?

Nur aus der speziellen Sicht des Gärtners scheint eine Wiese mageren Boden zu brauchen. In der Landwirtschaft, wo eine Wiese Gras für das Vieh produzieren soll, hat sie zwei leicht erkennbare Quellen für ihre Fruchtbarkeit.

Vermutlich wächst Klee auf ihr. Besteht der Gärtner für seine Wiese auf einer kleefreien Wildblumenmischung, weil der Boden sonst zuviel Stickstoff bekommt?

Die zweite Quelle ist natürlich das Vieh. »Schafe fressen Gras, dann düngen sie den Boden für mehr«, schrieb der bewundernswerte Dichter George Herbert, um den wünschenswerten Aspekt von ›Fügung‹ zu beschreiben. Eine Wiese ist dazu das Heu zu liefern. Wenn sie gemäht ist und das Gras nachwächst, wird sie zur Weide. Eine der positiven Begleiterscheinungen des Weidens (vom Standpunkt des Wiesengärtners aus betrachtet) ist die Tatsache, dass das Vieh beim Grasen die reifen Samen in die Erde trampelt. Eine Möglichkeit, ein bebautes Feld in eine Wiese zu verwandeln, ist, und wir haben es mit einigem Erfolg ausprobiert, das Feld mit dem Heu einer anderen Wiese zu bedecken und dann eine Herde Kühe darauf zu treiben. Das Vieh frisst das Heu (oder auch nicht, wenn es keine Lust hat) und trampelt den Rest in den Boden.

Noch einfacher ist folgender Weg zu einer Blumenwiese: Man nehme ein Feld oder eine Rasenfläche und behandle sie wie eine Wiese; das bedeutet, man benutzt keinen Dünger, keine Pestizide, keine Herbizide, keine weidenden Tiere und keine Mähmaschine bis zur Mitte des nächsten Sommers, wenn die Samen der erwünschten Wildblumen und Gräser reif sind. Wiesen wie auch Rasenflächen brauchen die rechte Behandlung und ein bisschen Geduld. Der Erfolg zeigt sich im Verlauf von Jahren oder Jahrzehnten.

Bei Feldern, die früher regelmäßig gedüngt wurden, wird sich der Entzug des Düngers bald auswirken. Sicher hatte der Bauer nur gedüngt, um höhere Erträge zu erzielen (denn Düngemittel sind teuer) und man kann die Wirkung bis zu einem gewissen Grad umkehren, wenn man aufhört zu düngen. Um aus so einem Feld eine Wiese zu machen, empfiehlt es sich, die Behandlungsweise zu wechseln – wie schon erwähnt – und abzuwarten, wo das hinführt.

Von einem alten, verwilderten Stück Land, das ich kaufte, um meinen Hof zu vergrößern, wusste ich, dass dort viele Himmelschlüsselchen wuchsen und vermutlich auch noch andere interessante Blumen. Ich befolgte den Rat eines Fachmanns, mit einer Scheibenegge darüber zu gehen, die zwar den Boden auflockert, aber die Wurzeln nicht völlig zerstört. Dann wurde die Erde gründlich gewalzt, bis sie fest genug war, so hatte man uns belehrt, um mit dem Fahrrad über sie zu radeln ohne Spuren zu hinterlassen. Auf diese feste Oberfläche säten wir unsere Gras- und Wildblumenmischung. Im ersten Jahr mähten wir das Feld zeitig, um unwillkommene Pflanzen wie zum Beispiel Disteln daran zu hindern sich auszusäen. Erst im zweiten Jahr konnten wir wirklich erkennen, ob unsere Mühen sich gelohnt hatten.

Und es stellte sich heraus, dass unser Erfolg kolossal war. Die Himmelschlüsselchen

waren nicht nur wiedergekommen, sondern sie vermehren sich fleißig, und auch andere Schätze, wie eine Gruppe Osterglocken, sind wieder zum Vorschein gekommen. Es würde mich nicht verwundern, hier eines schönen Tages Orchideen zu finden, denn bestimmt gab es sie früher hier. Und wenn das so ist, dann wird die Art und Weise, wie wir dieses Feld bewirtschaften, sie ermutigen wiederzukommen, so wie sie es auch an anderen Stellen des Hofes getan haben. Ist Ihnen aufgefallen, dass wir keinerlei Versuche unternommen haben, die gröberen Grasarten loszuwerden, weder mit dem Pflug noch durch Unkrautvertilgungsmittel oder (angenommen es wäre bei so großen Flächen überhaupt möglich gewesen) durch die Entfernung der oberen Bodendecke? Die vier Wiesen, die wir haben, jede mit ihrem eigenen Charakter, ihrer eigenen Geschichte, haben wir alle angelegt mit Rücksicht auf das, was wir anfänglich vorfanden.

Diese auf Dauer angelegten Wiesen unterscheiden sich gründlich von den leicht unscharfen pastellfarbenen Fotos, auf denen Mohn, Kornblumen und Kornraden einen impressionistischen Eindruck vermitteln sollen. Die einjährigen Blumen, die da auf den Fotos blühen, waren das Unkraut der Getreidefelder und brauchen die Routine des Getreideanbaus. Das bedeutet alljährliches Pflügen – eigentlich nicht Teil des Repertoires eines durchschnittlichen Gärtners.

Eine Möglichkeit – viel einfacher in die Tat umzusetzen als eine wirklich befriedigende mehrjährige Blumenwiese (die man als ein Langzeitprojekt betrachten sollte) ist eine Mikrowiese mit einjährigen Blumen im Kleinformat. Vor zwei Jahren haben wir sie angelegt und die erste Reaktion von Besuchern war immer Gelächter über den Maßstab unseres Projekts: Ein Mini-Weizenfeld mit seinem traditionellen Blumenschmuck, sechs mal zwei Meter.

Den Weizen klaubten wir aus zwei Hand voll gemischtem Vogelfutter – ein Fehler, denn diese Körner werden meistens erhitzt und das reduziert ihre Keimfähigkeit. Die Wildblumen kamen aus ein paar Samenpäckchen, wie man sie heute in fast jedem Gartenzentrum findet, angereichert mit den Blumen, die uns besonders wichtig waren:

Kornblumen (siehe #2 unserer Liste), Kornraden #61 *Agrostemma githago* und Mohnblumen #62 *Papaver rhoeas*. Den Boden hatten wir im April vorbereitet und die Samenmischung ausgesät. In einem frühen Stadium wurde ein bisschen Unkraut, das uns störte, entfernt, anderes ließen wir stehen, zum Beispiel den purpurfarbenen Erdrauch, *Fumaria arvensis*. Die dominierenden Blumen waren Mohn, Kornblumen und Ackerkamille, *Anthemis arvensis*. Am Ende bot sich uns ein bezauberndes Bild, nur der Weizen wuchs recht spärlich.

Später, bei der Lektüre von »Annuals and Biennials« von Roger Phillips und Martyn Rix, stieß ich im Vorwort auf folgenden Satz: »Klatschmohn, Kornblumen, Kornraden und Jungfer im Grünen, kombiniert mit ein paar Gräsern, Doldengewächsen und weißen Margeriten, ergeben eine gute Mischung, um ein neolithisches Getreidefeld aus dem Mittelmeergebiet nachzuschaffen«. Genau das hatten wir erreicht, einschließlich des geringen Erfolgs mit dem Getreide, der vermutlich den Erwartungen der Steinzeitmenschen in einem schlechten Jahr entsprach. Zum Trost fand er vielleicht in seinem Feld #63 *Leucanthemum vulgare*, die wilde Margerite.

Chiltern Seeds bieten #64 eine Mischung einjähriger Blumen und #65 eine Mischung perennierender Blumen an, die sich gut eignen würden als Grundlage für zwei solcher Miniaturfelder. Interessant klingt auch #66 Kalifornische Wildblumenmischung. Bei Phillips und Rix kann man dazu lesen: »Zu den kalifornischen einjährigen Blumen gehören die wunderbare blaue *Phacelia* und die hellblaue *Nemophila*, wie auch der verschiedenfarbige kalifornische Mohn. Lupinen, Clarkias und weiße Nachtkerzen machen diese Gruppierung, die man in Kalifornien finden könnte, komplett.«

Ein Artikel in der März-Nummer 2001 des englischen Magazins ›The Garden‹ (herausgegeben von der Royal Horticultural Society) berichtet über Experimente mit Aussaat direkt in den Boden. Der Artikel empfiehlt, eine dünne Lage Sand auf dem Beet zu verteilen, die als Unkraut unterdrückender Mulch wirkt (die Samen werden direkt in den Sand gesät), außerdem gab es Versuche über die Anwendung von Schneckenkorn in bescheidener Menge. Die Autoren Nigel Dunnet und James Hitchmough kalkulieren, dass die Bepflanzung eines Quadratmeters mit winterharten Pflanzen leicht hundert mal mehr kosten kann als die Pflanzen aus Samen zu ziehen.

Sie erzählen uns auch, dass die Bodendecke in einem typischen Garten zehntausend Samen pro Quadratmeter enthält, die darauf warten, in dem Moment zu keimen, wenn die Erde gestört wird. Eine fünf bis zehn Zentimeter dicke Sandschicht wird jedoch das

Keimen des Unkrauts so weit verhindern, dass es kontrollierbar bleibt. Eine einmalige Anwendung von Schneckenkorn zu der Zeit, wenn unsere Samen aufgehen, erweist sich als erfolgreich, und man braucht es nicht über das ganze Beet zu verteilen, es an den Rändern auszustreuen genügt. Ganz ohne Schneckenkorn erlitten die Sämlinge Verluste von fünfunddreißig Prozent.

## Achtes Kapitel

# *Klatschmohnfestival*

Was einem normalen Garten einen gewissen Schwung verleiht, ist ein gelegentlicher Spleen oder mehrere, die sich überschneiden. Und wenn uns so ein Spleen beim Wickel hat, wollen wir alles über eine Pflanze wissen, wie sie in all ihren Varianten aussieht, was man alles mit ihr machen kann, was sie glücklich macht. Wenn dieser Anfall schließlich abklingt, wird es möglich, das Undenkbare zu denken und uns einzugestehen, dass wir zum Beispiel auch ohne Azaleen weiterleben können oder dass wir unsere Hortensienleidenschaft einschränken müssen.

Irgendetwas überlebt gewöhnlich so einen Spleen und was immer es ist, das da überlebt – ob es eine einzelne Art oder eine Gruppe von Pflanzen ist – wird einen Platz unter unsern speziellen Lieblingen finden. Vielleicht finden wir eine Blume nicht mehr so aufregend, wie wir sie einmal fanden, aber das muss ja nicht bedeuten, dass wir sie vergessen oder ihr gegenüber gleichgültig würden.

Als ich damit begann, mir auszumalen, wie mein Garten aussehen sollte, schien mir ein Rosengarten ein wichtiger Teil zu sein, und irgendwo in seiner Nähe sollten alle nur verfügbaren Arten von Iris blühen. Außerdem, so dachte ich mir, sollte es Lilien im Überfluss geben. Natürlich waren Rosen, Lilien und Iris ein unentbehrlicher Bestandteil eines Blumengartens.

So schien es mir damals, so scheint mir es noch heute. Aber es ist Jahre her, seit ich eine Rose für den Garten gekauft oder ernstlich Rosenkataloge angeschaut habe. Mit Iris und Lilien ist das ganz anders, ihre Zahl wächst ständig und wir wechseln häufig ihren Standort, mal sind sie über den ganzen Garten verstreut, mal in größeren Gruppen gepflanzt, Letzteres besonders, wenn sie uns als Schnittblumen dienen sollen.

Sie durch Samen zu vermehren, ist in beiden Fällen bestimmt nicht die erste Erwägung. Obwohl mit genügend Geduld, Platz und der Lust darauf, mehr Lilien zu pflanzen, es sich schon lohnen würde, bestimmte Lilienarten zu säen. Der große Star der Gattung #67 die Königslilie, *Lilium regale,* sät sich in meinem Garten sogar gelegentlich selbst aus, nicht oft, aber häufig genug, dass es töricht wäre, die reifen Samenkapseln wegzuwerfen. Die Chiltern-Kataloge sagen, die neuen Pflanzen würden im zweiten Jahr nach der Aussaat blühen. Nach unserer Erfahrung tun sie das nur spärlich, aber im dritten Jahr sind sie eine Pracht.

Eine Lilie, die sich bereitwilliger aussät, ist *Lilium formosanum var. pricei.* Wir haben sie in einem Hochbeet (denn sie ist eine kleine Pflanze, die sich zwischen anderen kleinen Dingern wie zum Beispiel Alpenpflanzen wohl fühlt. Sie ist eine kurzstämmige Variante der gewöhnlichen Lilium formosanum, die uns als zweijährig beschrieben wurde, mit ihr haben wir leider noch keinen großen Erfolg gehabt. Im Chiltern-Katalog finden wir zwischen anderen Liliensamen #68 *Lilium formosanum* »Little Snow White«, das muss wohl die sein, die wir haben.

In einem Garten, von dem man erwartet, dass er aus hundert Samentütchen sprießt, werden Lilien und Iris bestimmt nicht zu den Hauptdarstellern gehören. Mohn hat da die besseren Aussichten, selbst wenn manche Arten recht zart und empfindsam erscheinen. Diese Empfindsamkeit ist nur Schein. Der spanische Mohn #69 *Papaver rupifragum*, den ich als blass orange beschreiben würde, scheint eine schwächliche Konstitution zu haben, aber er treibt sich munter vor unserer Hintertür herum, kommt Jahr für Jahr wieder und ist sehr wohl imstande, auf sich achtzugeben. #70 *Papaver sendtneri*, ein kleiner alpiner Mohn, von reinstem Weiß, wächst zwischen den Steinen unserer Wege und besteht nicht darauf, dass es nur Kalkstein ist, wie in seiner Heimat (oder auf einer Höhe von rund dreitausend Metern, die manchmal schwierig zu beschaffen ist).

Der Klatschmohn *Papaver rhoeas*, den ich im vorigen Kapitel erwähnte, verdient einen Ehrenplatz im Garten, besonders der Shirley- oder Seidenmohn. Den Namen Shirley verdankt er dem Geistlichen William Wilks und er hat eine einfache Blüte in Weiß, Rosa und Lachs. Moderne Züchtungen entzücken uns mit gefüllten Blüten (und heißen deutsch Ranunkelmohn oder Japanischer Pompon-mohn – das vielleicht als Fußnote).

Diese Art von einjährigen Blumen wird zu einem bleibenden Grundzug des Gartens, weil sie sich an ihrem Platz zuverlässig immer wieder aussäen, wie auch der stattliche unvergleichliche Schlafmohn # 71 *Papaver somniferum*, den es in so vielen Formen und Farben gibt, mit einfachen und gefüllten Blüten. Derjenige, den ich fast mit geschlossenen Augen wählen würde, heißt ›Black Peony‹. Die Wahl kann eigentlich nie daneben gehen, Stiele und Blätter haben den gleichen reizvollen blaugrünen Ton. Die Blütenfarben, die von Weiß über Rosa und Rot bis zum tiefsten Purpur reichen, scheinen alle angemessen. Man wird kein besserer Mensch oder hat bessere Aussichten darauf, in den Himmel zu kommen, wenn man die Blütenblätter mit glatten Rändern denen mit ausgefransten vorzieht oder die einfachen Blüten den gefüllten.

Immer häufiger erscheint der Islandmohn #72 *Papaver nudicaule* in den Samenkatalogen. Seine Beliebtheit ist ein weiterer Triumph der Farbe Orange, denn Orange ist seine Stärke – ein wärmeres, intensiveres Orange als das des kalifornischen Mohns, den ich als #4 auf unserer Liste habe. Seine weiße Version, die pastelfarbenen Zwischentöne und das Gelb sind reizvolle Varianten, aber seine wahre Farbe ist Orange. Zu unserer großen Überraschung erweist sich der Islandmohn als eine vorzügliche Schnittblume, obwohl sein Aussehen vermuten lässt, dass er in der Vase schnell welken würde (der Trick ist, die Stiele kurz in kochendes Wasser zu tauchen).

Mohn lässt einen unweigerlich an Sonnenschein und Frühsommerhitze denken, aber seine Spanne reicht bis zu ›kühl und schattig‹; der Scheinmohn #73 *Meconopsis cambrica* liebt kühlen Schatten, in dem er sich dann auch fleißig aussät. Seine Blüten sind scharlachrot und orange. Auch das Schöllkraut (Chelidonium, eine Art von Mohn) bevorzugt einen kühlen Standort, und wir erwarten von ihm, dass es sich auf schattigen Pfaden und Kieswegen ansiedelt. Ich würde gern von dem blauen Mohn aus dem Himalaja *Meconopsis aculeata* schwärmen, wenn ich glaubwürdig und ehrlich behaupten könnte, ihn je in meinem Garten gezogen zu haben. Lassen Sie mich stattdessen zu der blauen Note *Corydalis linstowiana* hinzufügen – *Corydalis* wird oft der Papaverfamilie zugeordnet – ein blassblauer Lerchensporn, der sich bei uns unter den Rosen ausgesät hat. Am Anfang sollten sie eine Pflanze kaufen, die sich dann aussäen kann.

Zwei Stachelmohn-Arten kommen aus Mexiko: #74 *Argeone mexicana* mit gelben Blüten, *Argeone pleiacantha* mit weißen (die letztere fand ich in der Chiltern-Liste unter dem Namen grandiflora »White Lustre«. Diese bieten sich an als Kandidaten für einen sonnigen Garten im Mittelmeerstil. Bei uns wächst die weißblühende zwischen den Rosen, denn so sah ich sie zum ersten Mal in Mottisfont. Wahrscheinlich verflucht man sie in mexikanischen Rosengärten als Unkraut.

## Neuntes Kapitel

# *Kletterpflanzen*

Am Anfang des Buchs erwähnte ich einen ›Garten‹, den ich letzten Sommer in New York gesehen hatte, er bestand aus einer einzigen Prachtwinde, die eine Feuertreppe hochkletterte. Vor ein paar Tagen sah ich die Überreste hoch oben über der dreiundvierzigsten Straße, tote Ranken, grau verwaschen gegen das dunkle Metall der Eisentreppe. Wenn es mich so beeindruckt hatte, dass mir die Lage des Hauses im Gedächtnis geblieben war, war ich sicher nicht der Einzige, der sich daran erfreut hatte und dachte: das war einmal ein Erfolg.

Angenommen, es war ein einmaliger Erfolg. Angenommen der, der diesen Garten angestiftet hatte, hatte einfach gedacht, dieses Jahr will ich mich jeden Morgen an der Pracht einer Prachtwinde freuen und einen Sommer lang hatte er sich an dem Erfolg seines Projekts ergötzt – aber im nächsten Jahr hatte er sich etwas anderem zugewandt. Dagegen ist schließlich nichts einzuwenden.

Ich stelle mir vor, dass diese Pflanze für immer einen besonderen Platz im Herzen des Besitzers dieses ›Gartens‹ behalten würde – dieser schwer zu beschreibende Blumenkübel, auf einer Stufe der Feuerleiter deponiert, der plötzlich und so erfolgreich alles mit Blüten überschüttete. Was auch immer der Sommer 2000 bedeutete, würde stets verbunden bleiben mit dem Anblick der Prachtwinde #76 *Ipomoea tricolor* »Heavenly Blue«.

Für mich ruft das die Erinnerung an Nächte unter einem Blumenspalier in Griechenland wach, aber die Prachtwinde ist historisch mit Zentralamerika verbunden. Ein rascher Blick in den Codex Badianus, ein aztekisches Pflanzenbuch, dessen Original jetzt im Vatikan aufbewahrt wird, beschreibt sie als die Fieberblume *Tontonquixochitl* und gibt uns auch ein Rezept gegen Haarausfall: »Fallendes Haar kann man verhindern, indem man den Kopf wäscht und das Kraut mit Namen *Xiuhhamolli* auflegt, das gemahlen wird und gekocht im Urin eines Hundes oder Hirschs, mit Laubfröschen und kleinen Tieren, die Quatecolotl heißen« (offenbar eine Art Raupe).

Was der Codex versäumt, uns zu verraten, ist das Rezept, LSD aus der *Ipomoea tricolor* zu gewinnen, das gebräuchlichste Halluzinogen der Azteken. Eine Illustration der seelenverbindenden Kraft der Prachtwinde ist die Tatsache, dass sie die Herzen höher schlagen lässt, wenn man sie bloß anschaut, während der Anblick der gewöhnlichen weißen Ackerwinde, trotz der Ähnlichkeit der Blüten, die Herzen sinken lässt. Aus diesem Grund habe ich die weißblühende Form der Prachtwinde (Pearly Gates) auch nie ausprobiert. Man kann auch rote Winden haben, *Ipomoea patatas*, wie der Name vermuten lässt, handelt es sich um süße Kartoffeln.

Je kleiner der Garten, desto größer der

Drang zur Ausdehnung nach oben, mit Hilfe von Kletterpflanzen. Viele kleine Stadthäuser haben überhaupt keinen Garten, aber in solchen Fällen wird häufig das Haus selbst zur Stütze für üppige Klematis und Gyzinen erklärt. Ich liebe diese gärtnerischen Exzesse, aber wenn die Pflanzmöglichkeiten so eingeschränkt sind, sollten die Bewohner dieser Häuser – schon um die Nachbarn weniger zu belästigen – sich eher für die kleineren Kletterer interessieren.

Ich erwähnte zuvor die Kapuzinerkresse im Hof eines Museums in Boston, wo man sie in Massen in die Blumenkästen vor den Fenstern gepflanzt hatte. Die diesbezüglichen Fenster sind äußerst ungewöhnlich, man hatte sie aus einem venezianischen Palast nach Boston gebracht. Die Bepflanzung hätte leicht albern wirken können, wäre sie nicht so überzeugend ausgeführt worden. In diesem Fall, mit Kaskaden von Kresse, gewann man den Eindruck, diese Blumen zum ersten Mal so gepflanzt zu sehen, wie es sich für sie gehört.

Eine Illusion natürlich, die man nur mit einer gehörigen Portion Selbstbewusstsein schaffen kann. Es gibt noch viele andere *Tropaeolums*, unter ihnen eines, das in dem nützlichen Buch »Lost Crops of the Incas« (Board on Science and Technology for International Development, National Research Council, Washington D. C., 1989), zu finden ist, mit Namen *Tropaeolum tuberosum*, die bei uns bekannte Art heißt ›Ken Aslet‹ (kochen Sie die Knollen mit Fleisch), die Südamerikaner nennen es Mashua und bauen es in hochgelegenen Gebieten an. Außer als Nahrungsmittel ist (unterstreichen Sie das bitte) gut gegen Insekten und Pflanzenschädlinge und kommt den Bauern gelegen, die zu arm sind, sich Pestizide zu leisten.

Aber die Kresseart, deren Samen ich empfehle, ist #77 *Tropaeolum peregrinum;* sie hat zarte, gelbe Blüten, in England heißt sie Canary Creeper, kommt aus Peru und Kolumbien und braucht Winterschutz. Eine weitere, mit der wir in Südengland viel Erfolg haben, ist #78 *Tropaeolum ciliatum*, kommt aus Chile. Bei uns klettert sie an einer Eibenhecke hoch, in Schottland würde man an ihrer Stelle höchstwahrscheinlich die wundervolle

»Flammenkresse« *Tropaeolum speciosum* verwenden.

Um beim Thema zu bleiben, die Schönranke kommt auch aus Chile und Peru #79 *Eccremocarpus scaber*, sie ist die perfekte Kletterpflanze für einen kleinen Garten, die man gut über eine Staude oder einen kleinen Busch ranken lassen kann, ohne ihnen wesentliche Umstände zu bereiten. Zum Dank dekoriert sie ihre Gastpflanze mit orange-roten Blütenröhrchen, klein, aber leuchtend. Wir haben auch eine Variante, die ›Tresco Cream‹ heißt und vermutlich aus einer Samenmischung kommt, auf deren Päckchen ›Tresco mixed‹ steht und die von Chiltern Seeds stammt. Sie wird als halb winterhart bezeichnet und könnte sicher in einem geschützten Garten überleben.

Kehren wir nach Mexiko zurück, dann begegnet uns #80 die erstaunliche *Rhodochiton atrosanguineum*, eine weitere zarte Rebe mit schwarz-roten Blüten (wie der Artname vermuten lässt) und einem überraschend ausgeprägten Blütenkelch. Die Farbe ist sehr ähnlich wie die der so beliebten dunklen ›Schokoladen‹-Kosmee.

Hier noch zwei kletternde Versionen von Pflanzen, die uns in ihrer nicht kletternden Form wohl bekannt sind: #81 *Dicentra scandens* ist die kletternde Form von Tränenden Herzen, hat aber gelbe oder weiße herzförmige Blüten und ist eine beständige Pflanze aus

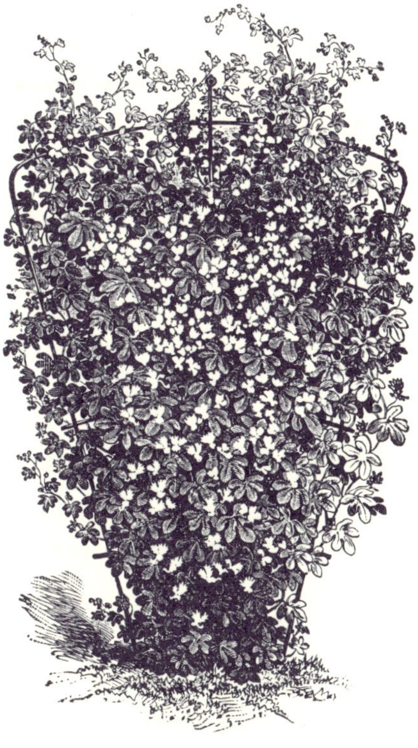

dem Himalaja. Und #82 ist ein chinesischer kletternder Eisenhut, *Aconitum hemsleyanum*, vermutlich auch giftig (ich habe es nicht ausprobiert). Die Blüten sind dunkelblau, wie Sie es erwarten würden.

Wicken habe ich schon erwähnt im Zusammenhang mit *Lathyrus cupanii*, der Mutter aller Wicken. #83 ist eine blaublühende Wicke *Lathyrus sativus var. azureus*, auch Deutsche Kichererbse genannt. Da ich mir geizig vorkomme mit nur zwei Wicken auf meiner Liste, füge ich noch ein Tütchen #84 Chilterns »Old Fashioned Sweet Peas« hinzu. Der Ausdruck »old fashioned« ist in diesem Zusammenhang ein Hinweis auf den Duft der Blumen, an dem es modernen Varianten oft mangelt, aber mir persönlich ist Duft nicht so wichtig.

Schließlich noch die Feuer- oder Prunkbohne #85 *Phaseolus coccineus*, die ich in meinem Garten liebe, solange niemand von mir erwartet, dass ich sie esse. Ihre Qualität als Blume ist über jeden Zweifel erhaben, und mehr brauchen oder wollen wir gar nicht über sie wissen.

## Zehntes Kapitel

# *Im tropischen Stil*

Der einst populäre und interessante ›Tropische Stil‹ ist in unsere Gärten zurückgekehrt und gibt Raum für gewisse flamboyante Pflanzen, die noch vor gar nicht so langer Zeit als geschmacklos abgelehnt wurden. Es ist alles eine Frage von einfallsreicher Mischung und Anordnung. Einem wahren tropischen Garten soll er eigentlich gar nicht ähnlich sehen, sondern den Eindruck von deftiger Farbenfreude und üppigem Wachstum hervorrufen, und mit welchen Pflanzen man das erzielt, bleibt der Phantasie des Gärtners überlassen.

Wenn man in den wirklichen Tropen ein Haus bezieht und einen wirklichen Garten anlegt, wird man in der unmittlelbaren Nähe des Hauses wahrscheinlich etwas pflanzen, was zur täglichen Ernährung beiträgt, Kokosnuss, Bananen, Bambus und Papaya. Keine dieser Pflanzen würde in ihrer tropischen Originalform bei uns gedeihen, außer vielleicht Papayas, deren Samen rasch sprießen und einen Versuch im Wintergarten oder geheizten Gewächshaus lohnen würden. Bananen werden immer aus Ablegern gezogen.

Die üblichen Zierpflanzen, die in tropischen Gärten auf der ganzen Welt wachsen, sind überall die gleichen (tropische Gärten werden nach kurzer Zeit eintönig): Bougainvillea, Hibiscus und einige Arten von Fleißigen Lieschen sind ein sicheres Zeichen menschlichen Lebens. Orchideen unter dem Dachfirst oder an Baumstämme gebunden zeigen, dass der Garten das Anfangsstadium überwunden hat. Aber dabei bleibt es dann meistens auch. ›Barrio‹-Gärten sind selten sorgfältig angelegt, genau wie Bauerngärten in der Zeit, als Dörfer noch ausschließlich von

Kleinbauern und Landarbeitern bewohnt wurden.

Zwei Blumen, die in unserem gemäßigten Klima gedeihen und leicht aus Samen zu ziehen sind, sind in den Tropen weit verbreitet: die erste ist das Wandelröschen, *Lantana camara*, eine kleine Staude mit Blütenständen in leuchtend rot, orange und gelb. Sie erinnert an die Verbena, und in den Tropen ist sie zu einem Unkraut geworden, das am Straßenrand wächst. Lantana camara »Mixed Hybrids« #86 wird von Thompson and Morgan angeboten und bei Chiltern Seeds gibt es eine Zwergform.

Die zweite Blume ist die bekannte einjährige Schwarzäugige Susanne #87 *Thunbergia alata*, eine kleine rankende Kletterpflanze, die Sie in beiden Katalogen finden. Sie wird besonders gern in Hängekörben verwandt. Das beste verfügbare, mit Fotos illustrierte Nachschlagewerk für »Conservatory and Indoor Plants« ist von Roger Phillips und Martyn Rix. Es wurde 1998 in zwei Bänden verlegt (London 1997), ein Werk mit einem leicht irreführenden Titel, denn es ist voller Fotos von Pflanzen in ihrer natürlichen Umgebung.

Zwei Seiten mit Fotos der *Thunbergia* regen den Appetit an auf diese kletternde oder hängende Schwarzäugige Susanne, die überraschender Weise mit dem Akanthus verwandt ist.

Wesentlich für einen echt wirkenden tropischen Eindruck sind die bananenähnlichen, großblättrigen Heliconi, Cannas und Hedychiums. Für gewöhnlich würde man diese Pflanzen im Topf kaufen, aber das Blumenrohr #88 *Cannas indica*, Indian Shot, ist leicht aussäbar und beide Kataloge bieten es an. Man muss die Cannas nicht in die Rabatte pflanzen, in den Tropen wachsen sie gern mit den Wurzeln im Wasser – am Rand eines Teichs zum Beispiel – und so würden sie auch hier am liebsten den Sommer verbringen. Wenn wir Cannas aus den Samen ziehen, die wir im letzten Sommer frisch im Garten gesammelt haben, werden sie höchstwahrscheinlich schon diesen Sommer für uns blühen.

Im vorigen Jahr hat eine Freundin von mir ein Päckchen Samen von #89 *Melianthus ma-*

*jor*, dem Honigstrauch gepflanzt (von Chiltern Seeds). Von den zwölf Samen, die im Päckchen waren, gingen zehn auf. Sie behielt zwei davon, gab uns ein Pflänzchen und verkaufte den Rest. Am Ende des Jahres hatte nicht nur ihre Beliebtheit zugenommen, sie hatte auch Profit gemacht. Der Honigstrauch trägt mit seinem blau-grünen Laub zu unserer »tropischen« Anlage bei. Wenn wir ihn draußen lassen, wird er den Winter vermutlich überleben, aber blühen wird er nicht: Das englische Jahr kann ihm nicht genug Hitze bieten.

Bei Phillips und Rix finden wir Bilder von Melianthus in Kalifornien, mit langen ährenförmigen Blütenständen in Schokoladenbraun, dort blüht es im Frühling, in seinem heimatlichen Südafrika von August bis September. Was wir in einen kleinen winterharten Busch verwandelt haben, ist von Natur eine hohe, im Winde schwankende Staude, geliebt von den Honigsaugern. Wir experimentieren jetzt mit andern Mitgliedern dieser Familie, einschließlich Melianthus comosus (Chiltern). Sie keimen leicht.

Naranjilla #90 *Solanum quitoense* (Chil-

tern), ein Nachtschattengewächs, das man in »The Lost Crops of the Incas« finden kann, ich erwähnte das Buch bereits im vorigen Kapitel, gedeiht im Freien, wenn man es zuvor im Gewächshaus zieht. Es soll eine Höhe von zwei Metern erreichen, selbst wenn es das nicht schafft, werden Sie die leuchtend roten

Adern in den Blättern interessant finden. Nehmen wir mal an, seine golfballgroßen Früchte würden bei uns reifen, dann könnten wir das ungesiebte Fruchtfleisch auf unsern Käsekuchen streichen und so einen guatemaltekischen Käsekuchen kreieren.

Ein anderer Nachtschatten #91 *Solanum laciniatum* stammt aus Australien und Neuseeland und wird dort Poroporo oder großer Kangaroo Apple genannt. Es ist eine liederlich aussehende Angelegenheit mit tief eingeschnittenen Blättern und eiförmigen Früchten, die ebenfalls essbar sind. Die gesamte Solanumfamilie scheint einen zweideutigen Charakter zu haben, nicht ganz respektabel, mal giftig, mal essbar und manchmal beides, wie bei der Kartoffel.

Eindeutig giftig ist die Rizinuspflanze #92 *Ricinus communis*, die Quelle, wenn ich mich recht erinnere, für das Gift (Ricin) in dem berühmten »Regenschirm-Mord« des KGB an einem bulgarischen Journalisten in London vor gar nicht so langer Zeit.

Mrs. Grieve war die Autorin von »A Modern Herbal« (London 1931, 1971; im Internet unter www.botanical.com zu finden), sie erzählt darin eine viktorianische Schauergeschichte von einem Naturwissenschaftler, der sich beinah versehentlich damit umgebracht hätte. Rizinus ist eine Mittelmeerpflanze, beliebt in englischen Gärten seit mindestens einem halben Jahrhundert, wenn nicht länger, darum aber nicht weniger exotisch wirkend. Wir haben den größten Erfolg mit einer Variante, die Gibsonii heißt.

Die Wunderblume #93 *Mirabilis jalapa* wurde deswegen als ein Wunder angesehen, weil sie verschiedenfarbige Blüten an derselben Pflanze hervorbrachte. Ihren anderen Namen »Four O'Clock« gab sie der Familie der *Nyctaginaceae*. Außer wenn Bougainvillea in Ihrem Garten gedeiht, und das ist in England höchst unwahrscheinlich, werden Sie kaum andere *Nyctaginaceae* in Ihrer Sammlung haben. Warum versuchen Sie es nicht mit diesem leicht zu züchtenden subtropischen Unkraut?

Über eine Rabatte im tropischen Stil wurde auch in ›The Garden‹ (der Zeitschrift der Royal Horticultural Society) vom März 2001 berichtet. Sie enthielt unter anderem #94 *Reh-*

*mannia angulata*, auch Chinesischer Fingerhut genannt, und das aus gutem Grund, denn er kommt aus China und seine Blüten sehen wie Fingerhutblüten aus. Bei uns blüht er zwischen den Rosen, wo er sich nicht schlecht ausnimmt. Nicht unähnlich, aber vielleicht etwas aufregender ist #95 *Isoplexis isabelliana* (Chiltern Seeds), oder aus dem Thompson and Morgan Katalog könnten Sie *Isoplexis sceptrum* probieren. Diese drei sind im zweiten Band von Phillips' und Rix' »Conservatory and Indoor Plants« auf einer Seite abgebildet.

## Elftes Kapitel

# *Ein Nachtrag*

Wenn ich mir diese Liste ansehe, deren Pflanzen alle aus Samen gezogen wurden und mich in den letzten zehn Jahren in meinem Garten erfreut haben, entdecke ich ein paar überraschende Lücken. Was, kein Dianthus? Weder bescheidene Federnelken noch üppige Edelnelken? Zu den Edelnelken sind wir nie gekommen und Federnelken aller Art haben wir in Mengen. Die meisten wurden uns geschenkt und wir haben ihre Zahl durch Ableger ständig vermehrt.

Die Bartnelke #96 *Dianthus barbatus* eignet sich von allen Nelken am besten zur Aussaat, sie ist zweijährig und passt gut zwischen die Rosen. Ich würde Ihnen auch gern zwei langstielige, kleinblütige Nelken vom Balkan empfehlen, aber ihre Samen sind nur schwer zu finden: *Dianthus cruentus* und *Dianthus giganteus*, die blutige und die gigantische Nelke. Das Pflanzenlexikon der Royal Horticultural Society erwähnt die einzige wildwachsende gelbe Nelke *Dianthus knappii*, sagt ihr aber nach, sie habe schlechte Angewohnheiten, das klingt, als ob sie in der Nase bohrt. Ich mag sie, und der Chiltern Samenkatalog führt sie und ist begeistert von ihr. Dann gibt es noch alpine, kriechende Arten, eine davon, die Heidenelke *Dianthus deltoides*, sät sich munter bei uns im Garten aus. Diese kleine Nelke gibt es auch in einem dunklen Scharlachrot, sie heißt »Leuchtfunk« und verdient einen Platz in Ihrem Garten #97.

Nicht alle Samen, die uns von Vögeln beschert werden, sind willkommen, manche jedoch reißen wir nicht aus, denn sie machen uns Spaß. Da gibt es zwei Spargelpflanzen im Rosenbeet, die wir einem Vogel verdanken, sie dürfen dort bleiben mit der Begründung:

Wenn Spargelkraut mit der Rose im Knopfloch eines Bräutigams gut aussieht, kann die Pflanze zwischen den Rosenbüschen nicht falsch sein. Um diese Behauptung zu verteidigen, würde ich allerdings nicht mein Leben aufs Spiel setzen.

Wenn sich eine wahrhaft bemerkenswerte Pflanze bei uns ansiedelt, fühlen wir uns geschmeichelt. Ein Lorbeerseidelbast, den ein Freund beim Ausheben eines Grabens entdeckte und uns mitbrachte, spielt heute eine nicht unwichtige Rolle in unserem Garten. Wir fürchteten, er würde unsern Lehmboden nicht mögen. Wir irrten uns. Er taucht an allen möglichen Stellen des Gartens auf, ein niedriger immergrüner Seidelbast, der sich harmonisch einfügt. Auch Aronstab #98 *Arum italicum var. pictum*, ein ansehnliches Mitglied der Arumfamilie, scheint unter allen möglichen Stauden einen Platz zu finden.

Und dann war da die Frage, ob die erstaunlich hochwüchsige Steppenkerze #99 *Eremurus robustus*, bei uns das tun würde, was sie einem Artikel zufolge, in einem anderen Rosengarten (ich glaube es war Hyde Hill)

getan hatte: Die Steppenkerzen verstreuten ihre Samen und produzierten zwei bis drei Meter hohe Blütenschäfte zwischen den Buschrosen. Ich fragte mich anfänglich, ob sie an dieser Stelle genug Licht für ihre Blätter haben würden.

Die Antwort ist, dass die Blätter, die in beängstigend großen Knospen im März aus der Erde hervorbrechen, im Frühling und zeitigen Sommer einen guten Start haben, ehe die Konkurrenz sie in den Schatten stellt. Wenn sie in der freien Natur wachsen, sterben die Blätter sowieso, bevor die Pflanzen blühen. Aber man muss Geduld mit den Steppenkerzen haben oder genug andere Arbeit, um nicht an sie zu denken, denn es können drei bis vier Jahre vergehen, ehe die Pflanzen groß genug sind, um zu blühen.

Tatsächlich gibt es andere Dinge, an die man denken sollte – neunundneunzig andere Dinge, wenn ich noch den Schwalbenwurzenzian dazu zähle.

#100 *Gentiana asclepiadea*. Ich wählte ihn, weil er nicht zu wählerisch ist, um bei mir glücklich zu sein: Nicht so klein wie die kriechenden Enziansorten, erreicht er eine Höhe von etwa sechzig Zentimetern, er ist im Schatten zufrieden und auch in fast jedem Boden.

Ich glaube, das ist der Enzian, an den D. H. Lawrence gedacht hat, als er sein Gedicht »Bavarian Gentians« schrieb, denn er erwähnt in der endgültigen Fassung des Gedichts zweimal die Höhe der Pflanze (*Gentiana bavarica*, der bayrische Enzian ist kurzstielig und kissenbildend). Er spricht von *»Blauer Enzian, groß und dunkel, tiefdunkel/ dunkelt den Tag durch sein Fackelleuchtblau, düster wie Pluto …«* Und er fordert: *»Gib mir eine Blume auf schlankem Stengel, und drei* *dunkle Flammen...«* Er lag im Sterben und empfand es als ein Privileg diese Blume im Haus zu haben.

So, hier ist meine Liste und ich habe die Euphorbien vergessen, aber es ist jetzt zu spät, um etwas dagegen zu unternehmen. Je genauer Sie hinschauen, desto schlimmer werden Ihnen die Unterlassungssünden erscheinen, und dieser Garten, den ich Ihnen vorgeschlagen habe – diese unbekümmerte Ansammlung von Pflanzen – wird genug Fehler haben für alle, die darauf aus sind, sie zu finden. Wo sind die Christrosen, die Blumenzwiebeln, die Winterblüher? Wo sind die Stauden? Wo sind die Gräser? Wo die Baumfarne?

Ja, wo in der Tat sind die Baumfarne? Für die Summe, die ich von Ihrem Geld für die Anlage dieses hypothetischen Gartens ausgegeben habe – die Samen, etwas Gartenerde, das eine oder andere Buch – könnte man vermutlich einen ganz stattlichen Baumfarn kaufen und einen Topf, um ihn hinein zu pflanzen. Und vielleicht wäre das ein Schritt in die richtige Richtung.

Für etwa zehnmal so viel wie die Summe,

die ich ausgegeben habe, wäre man vielleicht in der Lage, einen Entwurf »von der Stange« für einen kleinen neuen Garten zu erwerben. Die Mittel für die Gestaltung (Platten oder Kies für die Wege, Teich, Töpfe oder Kübel) sind teuer, eine Gruppe vollentwickelter Pflanzen für sofortigen Effekt ist teuer. Und es ist verblüffend festzustellen, dass einige der kleinsten Gärten Großbritanniens pro Quadratmeter zu den teuersten gehören. Und verblüffend ist auch die Werbung, mit der Fernsehen und Fachpresse uns überschütten, um uns zu solchen Ausgaben zu bewegen.

Eigentlich steht es mir nicht zu, irgendjemandem eine Lektion über die Kosten eines Gartens zu erteilen. Mein Garten beschäftigt einen Gärtner vollauf, und zeitweilige freiwillige Helfer waren über die Jahre von großem Nutzen. Ich bereue keine der Ausgaben (nicht mal Fehler von epischen Ausmaßen), solange ich im Großen und Ganzen das Gefühl habe, dass sie berechtigt waren. Aber nicht einmal die verschwenderischste Gärtnerin Großbritanniens – die Gräfin von Northumberland – hätte je daran gedacht, für ihre Gärten soviel

Geld pro Quadratmeter auszugeben wie man dem städtischen Amateurgärtner einreden will, an seinen kleinen Hintergarten zu verschwenden.

## Zwölftes Kapitel

# *Was sonst noch fehlt*

Eine Handbibliothek ist für jeden Garten nützlich, sie muss auch gar nicht sehr umfangreich sein. Ich habe mehrmals die Gartenblumen-Serie von Roger Phillips und Martyn Rix erwähnt, verlegt bei Pan Macmillan in Großbritannien und bei Random House in den Vereinigten Staaten. Der Band über einjährige und zweijährige Pflanzen (Annuals and Biennials), die beiden Bände über winterharte Pflanzen (Perennials) und der über Blumenzwiebeln (Bulbs) bieten ein beachtliches Foto-Archiv. Die beiden Bände über Haus- und Gewächshauspflanzen

(»Indoor and Greenhouse Plants«) sind wesentlich interessanter als man vermutet (selbst wenn man weder ein Gewächshaus noch einen Wintergarten hat). Eine Reihe dieser Pflanzen überleben sehr gut in geschützten Ecken unseres Gartens. Wir warten jetzt auf Alpenpflanzen (Alpines).

Falls es mir mit diesem Buch gelungen ist, Ihr Interesse zu wecken, sollten Sie an einem allgemeinen Werk über Blumen aus Samen (Garden Flowers from Seeds) interessiert sein. Die Autoren sind Christopher Lloyd und Graham Rice und es ist 1991 bei Viking erschienen. Die amerikanische Ausgabe ist bei der Timberland Press erschienen und man kann sie über www.amazon.co.uk bestellen, vielleicht auch antiquarisch über www.bibliofind.com. Mr. Rice hat zwei weitere Bücher über einjährige Blumen geschrieben und es könnte sich lohnen, auch nach diesen Ausschau zu halten.

Ich habe in diesem Buch auch Sarah Ravens »Frisch gepflückt. Mein Blumengarten« erwähnt; ein Katalog ist von Pirch Hill Farm, Brightling, Robertsbridge, East Sussex TN32

5HP erhältlich oder über www.thecuttinggarden.com. Dr. Ravens Buch mit dem gleichen Titel, das ich sehr schätze, ist inzwischen in deutscher Sprache erschienen.

Die beiden Samenkataloge, die ich laufend zitiert habe, sind Thompson & Morgan, Poplar Lane, Ipswich IP8 3BU, England oder www.thompsonmorgan.com und Chiltern Seeds (nicht illustriert, aber sehr ausführlich und preiswert), Bortree Stile, Ulverston, Cumbria LA12 7PB, England oder www.chilternseeds.co.uk

Ich habe mich in diesem Buch auf eine so kleine Zahl von Quellen beschränkt, damit meine Empfehlungen nicht überhand nehmen; das bedeutet aber nicht, dass wir nicht auch von anderen Samenquellen Gebrauch machen. Wir sind tatsächlich ständig auf der Suche nach seltenen und ungewöhnlichen Pflanzen. Eine nützliche Quelle ist zum Beispiel ein Botanischer Garten, der einen Samenvertrieb organisiert hat. Ich bin Mitglied der »Friends of Oxford Botanic Garden« (Rose Lane, Oxford OX1 4AZ, England).

Unsere sonstige Ausrüstung besteht aus

einem Schuppen mit einer Werkbank, an der wir unsere Samen säen und Töpfe bepflanzen. Wir haben ein kleines Gewächshaus und ein paar Frühbeete. Die Samen werden in einem alten Kühlschrank aufbewahrt, der im Schuppen steht. Früher haben wir unsere Pflanzerde in Säcken im Gartenzentrum gekauft; da wir aber genug Platz haben für einen gehörigen Sandhaufen, mischen wir jetzt Erde mit Sand und ein bisschen Knochenmehl, um eine befriedigende Mischung für Samen oder junge Pflänzchen ständig zur Verfügung zu haben. Unsern Bedarf an Plastiktöpfen decken wir mit Hilfe unserer Freunde, die glücklich sind, sie loszuwerden (so wie wir beglückt sind, wenn wir unsere Drahtbügel loswerden können). So haben wir Plastiktöpfe in rauen Mengen. Ich bevorzuge Töpfe mit einem Durchmesser von zehn Zentimetern für die Samen, weil sie tiefer sind als die üblichen flachen Saatkisten und daher den sich entwickelnden Wurzeln mehr Platz bieten. Zum Umtopfen der jungen Pflänzchen benutze ich ein angespitztes Stück Bambus.

Die Beschilderung von Pflanzen ist ein

altes Problem, Man kann gut mit Bleistift auf Aluminiumschildern schreiben (Tinte wäscht der Regen ab), aber die Elstern finden sie unwiderstehlich. So kaufen wir weiße Plastikschildchen, aber nicht alle nehmen Bleistift an, darauf muss man achten. Eine gute Gießkanne mit einer Flachbrause ist ein großartiges Weihnachtsgeschenk, vielleicht können Sie diskrete Hinweise in der Richtung fallen lassen. Und ich hoffe, dass auch dieses Buch sich als ein willkommenes Geschenk erweisen wird.

## *Pflanzen aus Samen ziehen*

1. Bitte lesen Sie die Anweisungen auf den Samentütchen sorgfältig und achten Sie besonders auf den Monat, der für die Aussaat empfohlen wird. Die Samen zu früh oder zu spät zu säen, ist selten erfolgreich. Manchmal klappt es, aber keineswegs immer.
2. Die meisten Samen sollte man in zehn Zentimeter weite Töpfe säen, die tiefer sind als Samenkisten und daher den Wurzeln mehr Raum geben. Für größere Samen gilt die Regel, so dick wie das Samenkorn ist, so dick soll die Erde es bedecken. Danach gießen Sie den Topf vorsichtig mit nach oben zeigender Brause.
3. Wenn die Sämlinge groß genug sind, sie zu handhaben, mit anderen Worten, wenn sie ihr erstes Paar wahrer Blätter zeigen, werden sie einzeln in kleine Töpfe gepflanzt.

4. Vermeiden Sie direkte Sonne; wenn die Töpfchen austrocknen, verlieren Sie die Pflanzen.
5. Wenn Sie die Sämlinge umpflanzen, nehmen Sie bei kleinen Pflanzen, Lobelia zum Beispiel, etwas Erde mit den Wurzeln, bei größeren kippen Sie alle Erde aus dem Topf und sie wird auseinanderfallen und die Wurzeln freilegen.
6. Wenn Sie Sämlinge handhaben, fassen Sie sie immer an den Blättern an, nie am Stiel.
7. Gießen Sie die jungen Pflanzen mit einer Kupferlösung (wir nehmen eine Lösung von Cheshunt Compound), um sie vor Pilzerkrankungen zu schützen; benützen Sie eine feine aufwärts gedrehte Brause.
8. Schützen Sie die jungen Pflanzen vor Frost und – man kann es nicht oft genug sagen – vor direkter Sonne.
9. Gewöhnen Sie sie sachte an kühlere Luft, härten Sie sie ab, ehe sie ins Freie gepflanzt werden.
10. Sämlinge und junge Pflanzen sollten einmal in der Woche mit Phostrogen oder einem anderem löslichem Dünger gedüngt werden.
11. Gießen Sie Ihre Pflanzen gründlich, bevor Sie sie umpflanzen. Wenn Sie etwas Knochenmehl in das Grabloch streuen, kann das nicht schaden – es sei denn, Ihr Hund fühlt sich davon angeregt, die Pflanze auszugraben.
12. Bitte machen Sie Ihrer Katze nachdrücklich klar, dass eine Saatkiste kein Katzenklo ist.

# *Die Samenliste*

1. *Adonis aestivalis*, Sommerblutströpfchen (Ranunculaceae)
2. *Centaurea cyanus*, Kornblume (Compositae)
3. *Carthamus tinctorius*, Färberdistel (Asteraceae)
4. *Eschscholzia californica*, Schlafmützchen (Papaveraceae)
5. *Tropaeolum majus*, Kapuzinerkresse (Tropaeolaceae)
6. *Tithonia rotundifolia speciosa*, Mexikanische Sonnenblume (Compositae)
7. *Phacelia campanularia* (Hydrophyllaceae)
8. *Oenothera biennis*, Schinkenkraut, Nachtkerze, (Onagraceae)
9. *Nigella damescena*, Jungfer im Grünen (Ranunculaceae)
10. *Myosotis sylvatica*, Vergissmeinnicht (Boraginaceae)

11. *Angelica gigas*, Engelwurz (Umbelliferae)
12. *Ferula communis*, Riesenfenchel (Umbelliferaceae)
13. *Abutilon vitifolium*, Abutilon (Malvaceae)
14. *Nicandra physalodis*, Shoo-Fly Plant oder Apple of Peru (Solanaceae)
15. *Nicotiana sylvestris*, Tabakpflanze (Solanaceae)
16. *Helianthus annuus*, »Valentine«, Sonnenblume (Compositae)
17. *Salvia sclarea*, Muskateller Salbei (Labiatae)
18. *Onopordum acanthium*, Edeldistel (Compositae)
19. *Silybum marianum*, Mariendistel (Compositae)
20. *Lychnis chalsedonica*, Brennende Liebe (Caryophyllaceae)
21. *Omphalodis linifolia*, Omphalodis (Boraginaceae)
22. *Viola tricolor* »Bowles' Black«, Veilchen (Violaceae)
23. *Delphinium grandiflorum*, Blauer Zwerg, Rittersporn (Ranunculaceae)
24. *Eschscholzia caespitosa*, Goldmohn (Papaverceae)
25. *Galactites tomentosa* (Asteraceae)
26. *Armeria maritima*, Grasnelke (Plumbaginaceae)
27. *Pulsatilla vulgaris*, Küchenschelle (Ranunculaceae)

28. *Allium schoenoprasum*, Schnittlauch (Liliaceae)
29. *Corydalis cheilanthifolia*, Lerchensporn (Papaveraceae)
30. *Erigeron mucronatus*, Berufskraut (Compositae)
31. *Calendula officinalis*, Gartenringelblume (Compositae)
32. *Antirrhinum majus*, Gartenlöwenmäulchen (Scrophulariaceae)
33. *Cosmos bipinnatus*, Kosmee (Compositae)
34. *Cleome spinosa* (Capparidaceae)
35. *Gaura lindheimeri*, Prachtkerze (Onagraceae)
36. *Zinnia*, Zinnie (Compositae)
37. *Salvia viridis*, Salbei (Labiatae)
38. *Scabiosa atropurpurea*, Purpurscabiose (Dipsacaceae)
39. *Aquilegia alpina* »Hensol Harbell« Akelei (Ranunculaceae)
40. *Lathyrus matucana* »Cupani«-Wicke, Platterbse (Leguminosae)
41. *Digitalis purpurea*, Roter Fingerhut (Scrophulariaceae)
42. *Lunaria annua*, Silberling (Crusiferae)
43. *Smyrnium perfoliatum*, »Alexanders«, Pferdeeppich (Umbelliferae)
44. *Anethum graveolens*, Dill (Umbelliferae)
45. *Alchemilla mollis* »Robustica«, Frauenmantel (Rosaceae)

46. *Chelidonium majus* »Flore Pleno«, Schöllkraut (Papaveraceae)
47. *Impatiens glandulifera*, Springkraut, Balsamine (Balsaminaceae)
48. *Lobularia maritima*, Duftsteinrich (Cruciferae)
49. *Lobelia erinus*, Lobelie (Campanulaceae)
50. *Asperula orientalis*, Orientalischer Waldmeister (Rubiaceae)
51. *Anthriscus cerefolium*, Chervil (Umbelliferae)
52. *Petroselinum crispum*, Petersilie (Umbelliferae)
53. *Satureja hortensis*, Bohnenkraut (Labiateae)
54. *Rumex acetosa*, Ampfer (Polygonaceae)
55. *Levisticum officinalis*, Liebstöckel (Umbelliferae)
56. *Borago officinalis*, Boretsch (Boraginaceae)
57. *Lavendula spica* »Hidcote Blue«, Lavendel (Labiatae)
58. *Ocimum basilicum*, Basilikum (Labiateae)
59. *Foeniculum vulgare*, Bronzefarbener Fenchel (Umbelliferae)
60. *Myrrhis odorata*, Süßdolde (Umbelliferae)
61. *Agrostemma githago*, Kornrade (Caryophyllaceae)
62. *Papaver rhoeas*, Klatschmohn (Papaveraceae)
63. *Leucanthemum vulgare*, Wilde Margeriten (Compositae)
64. Mischung einjähriger Arten
65. Mischung winterharter Arten
66. Mischung kalifornischer Wildblumen

67. *Lilium regale*, Königslilie (Liliaceae)
68. *Lilium formosanum, var. pricei* (Liliaceae)
69. *Papaver rupifragum*, Spanischer Mohn (Papaveraceae)
70. *Papaver sendtneri* (Papaveraceae)
71. *Papaver somniferum*, Schlafmohn (Papaveraceae)
72. *Papaver nudicaule*, Islandmohn (Papaveraceae)
73. *Meconopsis cambrica*, Scheinmohn (Papaveraceae)
74. *Argemone mexicana*, Stachelmohn (Papaveraceae)
75. *Argemone pleiacantha* (Papaveraceae)
76. *Ipomoea tricolor* »Heavenly Blue«, Prunkwinde (Convolvulaceae)
77. *Tropaeolum peregrinum* (Tropaeolaceae)
78. *Tropaeolum ciliatum* (Tropaeolaceae)
79. *Eccremocarpus scaber*, Schönranke (Bignoniaceae)
80. *Rhodochiton atrosanguineum*, (Scrophulariaceae)
81. *Dicentra scandens* (Papaveraceae)
82. *Aconitum hemsleyanum*, Eisenhut (Ranunculaceae)
83. *Lathyrus sativus var. azureus*, Saatplatterbse oder Deutsche Kichererbse (Leguminosae)
84. *Wickenmischung* »old-fashioned Sweet Peas«
85. *Phaseolus coccineus*, Feuer- oder Prunkbohne (Leguminosae)

86. *Lantana camara*, Wandelröschen (Verbenaceae)
87. *Thunbergia alata*, Schwarzäugige Susanne (Acanthaceae)
88. *Cannas indica*, Blumenrohr (Cannaceae)
89. *Melianthus major*, Honigstrauch (Meliathaceae)
90. *Solanum quitoense*, Nachtschatten (Solanaceae)
91. *Solanum laciniatum*, Nachtschatten (Solanaceae)
92. *Ricinus communis*, Wunderbaum oder Palma Christi (Euphorbiaceae)
93. *Mirabilis jalapa*, Wunderblume (Nyctaginaceae)
94. *Rehmannia angulata* (Gesneriaceae)
95. *Isoplexis isabelliana* (Scrophulariaceae)
96. *Dianthus barbatus*, Bartnelke (Caryophyllaceae)
97. *Dianthus deltoides*, Heidenelke »Leuchtfunk« (Caryophyllaceae)
98. *Arum italicum var. pictum* (Araceae)
99. *Eremurus robustus*, Steppenkerze (Liliaceae)
100. *Gentiana asclepiadea*, Schwalbenwurzenzian (Gentianaceae)

Die lateinischen Pflanzennamen in der deutschen Ausgabe wurden abgeglichen mit: Zander, Handwörterbuch der Pflanzennamen, 13. Auflage, Stuttgart 1984

Die englische Originalausgabe
erschien 2001 unter dem Titel
*A Garden From a Hundreds Packets of Seed*
im Verlag Viking Penguin, London


Deutsche Ausgabe:

Gesetzt aus der Stempel Garamond
Satz: Leslie Driesener, Berlin
Umschlaggestaltung: Bauer + Möhring, Berlin
Druck und Bindung: Clausen & Bosse, Leck
Printed in Germany
ISBN 3-87024-583-2